¡PELIGRO, 24 HORAS CAMBIARÁN TU VIDA!

Editorial rompetuslimites.com

2015 Querétaro, Qro. MÉXICO © 2015 por:

Juan Carlos Gutiérrez Aladro (jc@ideasmexico.com)
y Rafael Gutiérrez Aladro (aladro2000@gmail.com)

Diseño interior y cubierta: Pedro Garnica
(pedro.garout@gmail.com)
Corrección de estilo: Beatriz Pelayo
(bettypelayo@gmail.com)

Esta publicación no podrá ser reproducida, grabada o transmitida de manera completa o parcial, en ningún formato o a través de ninguna forma electrónica, fotocopia y otro medio, excepto citas breves con la referencia debida, sin el consentimiento previo del autor.

Comentarios sobre la edición y el contenido de este libro a: info@rompetuslimites.com

ISBN   978-607-00-9380-7

Registro Público del Derecho de Autor
03-2015-030312391500-01

¡¡¡GRACIAS !!!

Nunca lo lograríamos solos

Rafa, gracias por tu coautoría no solo en el libro sino en mi vida.

Juan, gracias por ser ese gran "hacedor" de sueños y tu complicidad entusiasta en el camino.

Al Jefe y a la Jefa

Claudia, Danny y JP

Liliana "L"

Víctor, Anahí, Vic jr. y Anawi

Francisco y Diana

Luis, Penny, Sofía y Pablo

Gema, Charlie, Alan y Santi

Pedro por todo tu talento en el diseño y armado

BP por tu apoyo y paciencia en la corrección.

Al Colegio Newland S.C. por sus enseñanzas

A nuestros conejillos de indias: Luis, Mariví.

Gracias por su dura crítica pero siempre con cariño.

Gracias a todos los que se han atravesado en nuestro camino y sobre todo

Gracias a ti lector por tomarte el tiempo de leernos esperamos que tu vida cambie en las siguientes horas:

quienes somos
Juan Carlos

Mi lema —ya tatuado— es: «La vida es simple», me mueve para que me ubique en este planeta y estoy seguro que será parte de mi herencia al dejar este mundo.

La vida me ha sonreído con una hermosa esposa y dos hijos sanos e inteligentes (además de guapos, digo yo), con cinco hermanos, dos padres† fantásticos y amigos que podrían haber sido mis hermanos.

El gusto por los viajes me ha hecho conocer muchos lugares del mundo, por si fuera poco estoy sano y adoro el ejercicio. Considero que soy tan afortunado que es justo devuelva esa sonrisa que me da la vida a los que están cerca de mí.

Confío en mi seguridad y muy pocas veces desconfío de las personas. En mi vida, en la suma y resta tanto de mis éxitos como de mis fracasos, los primeros llevan la ventaja, ¡no me puedo quejar!

Soy multifuncional en los negocios, he sido ingeniero, licenciado, arquitecto, profesor y hasta médico, generalmente adopto el rol y lo hago mío. Aprendo rápido, mi éxito en estas aventuras es porque me rodeo de personas que saben lo que hacen.

Amo emprender nuevos retos y encontrar caminos nuevos...

¡Y este reto realmente me agrada!

quienes somos

Rafael

Apasionado por entender la mente humana, soy amante de la naturaleza y de abrirme camino al avanzar mientras descubro quién soy. Tengo gran interés por conocer cómo se desarrolla la persona y entender por qué unos triunfan en la vida y otros no avanzan.

He sido bendecido con el amor de mi vida: mi esposa, con mis hermanos, cuñad@s, sobrin@s y familia adoptiva que hacen de cada día una vida que vale la pena.

Desde siempre he sido un aventurero de la vida, viajo por el placer de enriquecer mi vida y conocer los caminos que ni siquiera sé que quiero andar. En ocasiones me alejo de los protocolos sociales, pero estoy muy cerca de la verdadera amistad, esa que no necesita demostraciones temporales, simplemente SER.

Me he desarrollado aplaudiendo —entre lágrimas— el desarrollo del ser humano, soy un lector apasionado, hasta ahora de más de 900 libros escritos con mente, pasión y entrega de grandes escritores, que en sus relatos me entregan cada día algo nuevo. Amo descubrir, conocer y entender desde dónde se escribieron esas palabras y en ocasiones encontrar aquellas que no se escribieron y quedaron ahí.

Soy amante de cultivar mi mente en lo natural, lo holístico, lo cuántico, lo nuevo, y de manera natural soy curandero con manos, brazos, ojos, palabras y silencios.

Estoy agradecido por la vida que me toca vivir, tanto por estar hoy contigo aquí, disfruto desde ahora y para siempre estar a tu lado.

Introducción

Introducción

Esperar que algo mágico suceda y que mueva nuestra vida sin planear e inducir dicho cambio de manera consciente es como esperar que nos saquemos la lotería sin comprar el boleto.

Es prácticamente imposible, se hace énfasis en «prácticamente» porque ha habido casos en los que sin comprar boleto, personas han ganado miles de dólares, como el que presentó la cadena de noticias CNN en octubre de 2012:

Marvin Rosales Martínez, dibujante neoyorquino de 27 años de edad, estaba limpiando los escombros que dejó el huracán Sandy cuando descubrió un húmedo boleto de lotería de la promoción Win a 1,000 a Week for life (Gana 1.000 dólares a la semana de por vida), el boleto se debía «raspar» para averiguar si había un premio, así lo hizo y su sorpresa fue que en sus manos tenía un boleto premiado, se dirigió a una tienda 7-Eleven, pero los empleados no pudieron verificarlo, un mes después llevó el boleto ganador a las oficinas de Servicio al cliente de la Lotería de Long Island, donde confirmaron su premio, recibió US$ 779,106, después de pagar los impuestos correspondientes le quedaron US$ 515,612.

Esperar que eso suceda es altamente improductivo, si tan sólo el simple hecho de ganarse la lotería es una posibilidad en millones, imaginar que, además, el billete lo encontraremos tirado en la calle es algo más que absurdo (hay más posibilidades de ser mordido por un tiburón que de ganarse la lotería).

Sin embargo, seguimos queriendo que algo extraordinario suceda y que cambie nuestra vida. Claro no es de extrañarse exista gente que espera ser mordida por un tiburón para subirse a un escenario y presentarse como conferencista, esto —para su desaliento— tampoco sucede muy a menudo.

Los cambios provienen de uno mismo, de la voluntad de agarrarse los calzones (como se dice coloquialmente) y decidirse a hacerlo. No es fácil, seguramente muchos hemos fallado cuando lo hemos intentado, eso nos frustra, da rabia y coraje, pero dejamos pasar el tiempo y lo volvemos a intentar. Surge dentro de nosotros la declaración: «¡Basta!, ahora sí lo haré» y sucede que volvemos a caer muchas veces, no es más que un caerse y levantarse cada vez que lo intentamos, sin embargo, la solución es más sencilla de lo que pensamos.

Seminarios de autoayuda van, libros de superación vienen, conferencias, pláticas, artículos de revista y consejos de amigos, todo sirve y nada sirve, depende exclusivamente de ti mismo, lo que haces con ello es tu decisión.

Pero no te culpo, quizá nadie te había dicho que tenías la posibilidad de fracasar y eso no es motivo para tirarte al suelo. Fracasar es normal en asuntos humanos, Henry Ford dijo alguna vez: «El fracaso es sólo la oportunidad de comen- zar de nuevo de forma más inteligente», efectivamente, fracasar es volverte más inteligente y el corazón debe en- tenderlo, no solamente la cabeza. Muchas de nuestras grandes derrotas se generan desde el corazón y es de ahí mismo, desde esa emoción, de donde debemos tomar la fuerza para salir adelante.

Sin embargo, es el mismo corazón el que te detiene porque no quiere sufrir otra decepción, es ese miedo al éxito es el que te hace ser **MIEDO**CRE, no mediocre, que es distinto.

El término mediocre, cuando es utilizado como adjetivo, según el diccionario, hace referencia a una persona que no posee talento especial o suficiente habilidades para la actividad que efectúa. La palabra mediocre es usada en sentido peyorativo ya que indica una persona vulgar, con pocas cualidades y una persona pobre desde el punto de vista intelectual.

Por ende, una persona mediocre posee como característica principal la incapacidad de concebir ideas y ser cada día mejor en el ámbito personal o profesional y, por esta razón, acepta la rutina y los prejuicios. No obstante, la palabra mediocre como adjetivo hacia una cosa es aquello que está por debajo de la media, poco valor o calidad, algo ordinario o insignificante ¡vaya referencia despectiva! Debíamos enojarnos mucho más cuando alguien osa calificarnos así.

Pero **Miedo**cre, derivado de la palabra miedo, debería aplicarse solamente cuando la persona tiene miedo al éxito, cuando el daño causado por el fracaso es tal que ya no te atreves a intentarlo o tomas el camino con la mente decidida a fracasar. Y eso es precisamente lo que Raúl —el personaje principal de este libro— enfrenta después de tantos fracasos.

No estás solo para enfrentar y evitar esa **Miedo**cridad, siempre hay alguien que estará cerca para ayudarte a alcanzar tus metas, ¿cuántas veces has hecho lo mismo esperando obtener resultados distintos?

Honestamente, ¿crees que estos resultados cambiarán haciendo lo de siempre? Abre tus sentidos a la vida, que ahí —muy cerca— está la solución y el cambio. Si te preguntara qué es lo contrario al éxito, ¿qué dirías?

El 90% de las veces que hago esta pregunta en los seminarios me responden: ¡FRACASO!, sin embargo, eso significaría que cada vez que no logras lo que buscas, fracasas, pero esta propuesta es distinta desde su esencia, ya que nos da el poder de saber que cada fracaso es solamente una oportunidad para aprender, para hacer las cosas de una manera distinta y esto lo encontraras a la vuelta de la página. De acuerdo a este libro, 24 horas son suficientes para ello.

En un mundo tan cambiante, las estadísticas nos dan la razón, según un estudio de la Universidad de Paris, Francia, cada 24 horas, suceden hechos como:

151.600 muertes, **360.000** nacimientos, **100.000** divorcios, **115.000** bodas, **460.000** nuevos usuarios de Twitter, **250.000.000** fotos subidas en Facebook, **2.533** nuevos libros publicados, **2.962.000.000** búsquedas en Google; hay **407.700.000** periódicos en circulación, **300.000.000** twitts enviados, **4.200.000** celulares vendidos, **2.000.000** nuevos «me gusta» en Facebook. Se producen **196.000** bicicletas, **18.570** estanterías modelo «Billy» de Ikea, **300.000** figuras de Playmobil, **87.600** coches.

Se generan **48.226.600** toneladas de emisiones de CO_2, **26.390** hectáreas más de desierto, **21.500** toneladas de residuos tóxicos, **11.430** hectáreas menos de bosque. Hay un gasto mundial de **3.841.000.000** € en defensa, **11.718.000.000** € en salud, **4.357.000.000** € en educación. Además, se consumen: **15.000.000.000** cigarrillos, **216.000.000** aspirinas, **1.600.000.000** tazas de café, **1.700.000.000** latas de Coca-Cola, **47.000.000** menús de McDonald's, **84.930.000** botellas de vino.

Y **10.960** personas visitan la estatua de la Libertad, **93.000** vuelos y **19.200** personas visitan la torre Eiffel.

Si todo eso sucede cada día, ¿qué tan fácil es que tu vida cambie positivamente en 24 horas?

Este libro te llevará por caminos inesperados, narrados a través la vida de un personaje que bien podrías ser tú mismo. El billete de lotería está dentro de tu corazón, la forma de obtenerlo eres tú mismo. Con tu propio poder y decisión encontrarás que no se necesitan más meses de tu vida para cambiar, quizá mañana —si comienzas a leerlo hoy mismo— tu vida arrancará de una mejor manera. Eso, en realidad es el peligro de leer este libro.

Sin embargo, no es magia, aquí encontrarás herramientas poderosas, este texto llegará a tus sentimientos buscando una declaración esencial: HOY comienzo y maña- na continúo, pero todo depende de ti, nadie hará por ti lo que tú debes hacer por ti mismo.

Otro gran riesgo que corres es saber que ahora tú eres el único responsable de tu éxito o de tu fracaso, ¿permitirás que tus miedos te sigan dominando? ¿Seguirás en la **miedo**cridad?

¿Continuarás asistiendo a los seminarios cuya promoción contiene frases como: «Ofrecemos retamos, deseamos y logramos instalar en los participantes un nuevo esquema mental»? En este libro encontrarás cómo hacerlo, con la esperanza que funcione en ti.

Si no sabes cómo funciona algo, o si no has logrado que opere en ti, escríbenos, estamos dispuestos a ayudarte y apoyarte en cualquier lugar que te encuentres. Estamos a tus órdenes en el correo electrónico info@rompetuslimites.com

Disfruta este PELIGRO, seguramente mañana ya no serás el mismo...

Capítulo 1

Peligro

«El mayor riesgo es no correr ningún riesgo.
En un mundo que cambia muy rápidamente,
la única estrategia que garantiza fallar es
no correr riesgos»
Mark Zuckerberg

Las pantallas del gran salón impactaban a la audiencia con tonos color rojo, naranja, verde y azul, con la sincronía de los colores en las bocinas sonaba una alerta tal y como se escucha en las películas de Hollywood, como aquella alarma que sonaba mientras se hundía el Titanic, en la película protagonizada por Leonardo DiCaprio. Justo entonces se exponía en las pantallas este mensaje:

«Es el momento de tomar sus cosas y salir corriendo, les garantizamos que el 100% de su dinero será reintegrado a quienes decidan salir ahora de la sala», se escuchó en las bocinas retumbantes del salón. «No exageramos», continuó diciendo la voz «Todos ustedes están en peligro de cambiar sus vidas, ¡corran, huyan! no les dé pena tomar sus cosas y salir. Mañana no habrá vuelta atrás, mañana habrán sido cambiados de por vida.

Es su decisión, tienen cinco minutos para abandonar la sala». Las luces de colores fueron apagándose y sólo quedaron rojas, poco a poco las sirenas se fueron apaciguando para dar paso a una melodía que Raúl no alcanzó a reconocer, pero le pareció que la había escuchado varias veces durante su vida.

El mensaje de las pantallas seguía activo, en el centro del escenario apareció un reloj que marcaba en forma regresiva los cinco minutos que habían dado para abandonar la sala y recuperar el dinero que habían invertido. Este momento tan impactante no estaba en la mente de Raúl cuando, minutos antes, estaba sentado en ese mismo salón mordiendo la parte posterior de una pluma BIC (cosa que, según recuerda, era una manía que tenía desde la secundaria, bueno, entre tantas otras que se percataba y muchas de las que ni siquiera tenía conciencia).

Esta pluma y una carpeta blanca con dorado la había recibido la noche anterior de manos de una de las guapas edecanes durante el coctel de bienvenida al congreso, en la elegante carpeta estaba escrita la frase que ahora él veía en la pantalla:

Esta leyenda auguraba (y él lo sabía) que esta vez sería distinto, pues el término «Peligro» le atraía, y aunque estaba consciente de que todo cambio era un riesgo, evidentemente ansiaba correrlo, Raúl observó la carpeta y se percató que no decía qué tipo de cambio ocurriría en su vida, y eso le generaba una seductora sensación de angustia.

Desde que tuvo la carpeta en sus manos no dejó de cuestionarse si ese cambio le gustaría, si el cambio sería tan pequeño que nadie lo iba a notar o, como siempre decían sus amigos, si habría tirado nuevamente su dinero a la basura. Esta inseguridad era otra de las manías que reconocía tener, además de detectar justamente lo que no le gustaba en todo lo que hacía, eso le provocaba inseguridad, en su interior no dejaba de repetirse «si tan sólo dejara de pensar en los obstáculos y me dedicara a disfrutar del presente, seguro que las cosas cambiarían», pero justamente por eso es que hoy estaba en este desconcertante salón.

Este no era el primer congreso que le ofrecía algo similar, a sus 42 años de edad, Raúl había asistido a más de 15 seminarios de autoayuda, superación, optimismo, y motivación, así que se sentía como un viejo lobo de mar experimentado en el tema del desarrollo personal, pero cada vez dudaba que algún congreso funcionaría realmente como él deseaba.

Esta vez había algo más, tenía una sensación que le susurraba que sería diferente, en días pasados había recibido varias «señales» que le indicaban que algo bueno estaba por suceder, como el encuentro casual con su pasado, semanas atrás, cuando se encontró con esa chica con quien alguna vez soñó andar, todo, esta vez todo había sido diferente, Linda lo había cautivado por la belleza que aún conservaba, tanto los años como la experiencia le sentaban bien, aún emanaba esa sensación de misterio y seguridad que había proyectado desde ese inolvidable día en la cafetería donde se encontraron.

Raúl no había visto a Linda en el coctel de bienvenida la noche anterior, y hoy, aparentemente aún no había presencia de alguno de «Los Transformadores» a los que ella pertenecía. Ansiaba verla, pero sobre todo, que ella lo viera y se diera cuenta que su proceso de cambio había comenzado, que el Raúl de hoy era un ser íntegro y seguro que había dejado atrás todas sus frustraciones y miedos ¿Acaso Linda no llegaría nunca?, se preguntaba cada minuto mirando, obsesionado, su reloj.

A fin de cuentas él estaba consciente de que la apariencia de Linda no fue sólo la provocación para asistir al congreso, fue darse cuenta de cómo ella veía las cosas, cuál era su actitud ante la vida, la seguridad, la mirada de alguien que confía en sí misma. Era la suma de estos detalles lo que había impulsado a Raúl a convencerla, por todos los medios, que le revelara cómo había surgido ese cambio, ¿cómo fue capaz de pasar de la timidez al triunfo y convertirse en esa mujer tan segura de sí misma, tan exitosa en los negocios?

Durante sus encuentros posteriores —algunos de ellos en Starbucks— Linda le habló sobre este congreso, pero vaya que le costó trabajo a Raúl que ella lo invitara, parecía que este evento estuviera reservado para personas importantes, más tarde Raúl se dio cuenta que, efectivamente, estaba restringido, pero restringido por su propia mente.

Mientras, el reloj en cuenta regresiva seguía su paso anunciando que el congreso estaba por comenzar y, con Linda o sin ella, Raúl estaba colocado en su butaca esperando ver el rumbo que tomaría su vida a partir de ese momento. Sentado en la tercera fila del salón, en el Hotel Fiesta Americana en la bellísima ciudad de Querétaro, esperaba que de un momento a otro diera inicio el tan ansiado congreso, mientras recordaba el asombro que le provocó la noche anterior, llegar a esta ciudad que ya no reconocía —había venido en camión desde Monterrey— se dio cuenta cómo tiempo lo puede cambiar todo.

Esta vez, llegar a Querétaro provocó en él una sensación distinta, se remontó tiempo atrás, cuando recorrió el mismo trayecto acompañado de algunos amigos para disfrutar de la copa mundial, por la ventanilla del autobús vislumbró, a lo lejos, las amarillentas luces de la ciudad, en esa época Raúl se estaba convirtiendo en un adulto maduro, entonces las cervezas, la parranda, las chicas guapas, el fútbol, el ambiente y la aventura de dormir «donde les agarrara la noche», era emocionante saber qué sucedería en ese momento, sin planes, sin metas, cuando su única preocupación era ser responsable y evitar que la chica que lo acompañara esa noche resultara embarazada. SIDA no existía aún en su vocabulario, lo demás ya era lo de menos...

La noche anterior, cuando ya estaba muy cerca ya de la ciudad, alcanzó a ver que el estadio de fútbol, mundialista en 1986, enmarcado por solitarios prados a su alrededor, lo recibía pero ya devorado por la ciudad, los suburbios habían sido desplazados a varios cientos de metros de ahí y quizá hasta algunos kilómetros de distancia, pero el estadio «La Corregidora», seguía erguido en el mismo lugar. Los prados se convirtieron en casas, los caminos en calles, aparecieron plazas comerciales, hoteles, restaurantes y colegios, «Eso es el progreso», pensó, y se dio cuenta que su propio progreso personal distaba mucho de parecerse al desarrollo que habían vivido ciudades que en algún tiempo habían sido su abrigo, que había caminado con ellas, ciudades que habían sido cómplices en sus aventuras.

La noche anterior al congreso Raúl había decidido ir al centro a buscar algún lugar para cenar, vio mucha gente en las calles, músicos, vendedores y artesanos que armonizaban el lugar, en su recorrido le pareció ver a Linda charlando con unas amigas en el extremo de un bello jardín decorado con grandes árboles podados perfectamente, sin embargo, mientras trataba de alcanzarlas y acercarse a ellas tropezaba con la gente que paseaba, las chicas y quien parecía ser Linda abordaron un taxi amarillo, la distancia le impidió distinguir si en realidad era ella. Rápidamente su mente imaginó lo genial que hubiera sido sentarse con ella esa noche en algún restaurante de la ciudad, entre la música y quizá alguna botella de vino pasar una encantadora velada, preparándose para el siguiente día, sin embargo, al final eso estaba sólo en su mente, así que se limitó a cenar antes de llegar al hotel.

En su caminar por las calles coloniales

del centro decidió entrar a una cafetería que extrañamente tenía un estilo parisino, ubicada en la calle de Guerrero, a una cuadra del jardín que lleva el mismo nombre de la calle, no sabía si era casualidad o qué sucedía, pues París siempre había estado en la lista de sus ciudades favoritas por conocer, revisó el menú y ordenó una crepa de jamón con queso y una buena botella de vino francés.

Esa noche pretendía sentirse como si estuviera cumpliendo su sueño de visitar París, se sentó en la terraza y vio pasar gente caminando en distintas direcciones, eso lo entretenía, a sus espaldas un saxofonista tocaba melodías de jazz, y esa fue otra de esas extrañas casualidades de este viaje, justo esa pieza fue la misma con la que, junto con Lucía, había elegido para bailar el día de su boda; en ese instante recordó que no se había reportado con ella en toda la tarde-noche así que con esa música de fondo tomó su celular, ella contestó media dormida, le dijo cuánto la extrañaba, le pidió que escuchara la canción de fondo, Raúl sintió que Lucía no le dio importancia a este detalle, incluso antes de que acabara la canción ya había colgado con un simple deseo de buenas noches.

Al colgar el teléfono agradeció no haber alcanzado a quien suponía era Linda, la culpabilidad del momento lo habría hecho sentirse verdaderamente miserable, no sólo por tener como telón de fondo la melodía que eligió con su pareja, sino por compartir vino con una mujer que lo atraía de tal manera que le había robado el sueño durante las últimas semanas. Raúl estaba en una de esas extrañas ocasiones en que se sentía afortunado de estar solo.

Hora y media después, satisfecho con la cena, la música y la botellita entera en su cuerpo, pagó la cuenta y a paso apresurado llegó al jardín donde detuvo un taxi para que lo llevara al hotel. Al alba del día siguiente se levantó con mucho ánimo, se afeitó y se vistió decidido a lograr para sí mismo una buena impresión, no desayunó, se preparó un café con crema, lo puso en un vaso desechable y bajó al salón del evento.

Raúl era un hombre puntual, solía llegar siempre minutos antes a sus citas, y disfrutaba observar todo, lograba captar la esencia de cada lugar, por ejemplo, le llamaba la atención que las sillas del salón donde sería el congreso eran como sillones, cómodos y tapizados color verde a rayas, colgando del techo, en la entrada principal del salón destacaban dos hermosos candiles de vidrio, imaginó, por la calidez de la luz que los habían traído de Europa, el brillo de los cristales combinado con la luz de todos los focos (que no eran poco) provocaban una atmósfera tenue que, en conjunto, daba una sensación de majestuosidad al lugar. Al fondo estaba una pantalla donde pensó, seguramente mostrarían algunos vídeos y fotografías, o quizá alguna presentación en Power Point, sabía que esa era la costumbre de los líderes que asistían a este congreso.

Llamó su atención la llegada de varios personajes, entre los asistentes había algunos muy formales, de estilo capitalino cuando van de viaje, camisas abotonadas de colores claros, generalmente lisas, por lo regular portaban pantalón de vestir con pinzas y zapatos lustrados, le recordaban a los asistentes de los torneos de golf que había visto por televisión. Había hombres que llevaban ropa más colorida, a fin de cuentas, estaban en provincia y el *look* no era muy estricto, como en las formales urbes del país.

Observó que con las mujeres sucedía lo mismo, en su mayoría tenían ropa de lino, vestidos y zapatillas bajas, maquillaje discreto con un toque de sofisticación, la mayoría con algún estilo especial en su peinado, había guapas, altas, bajitas, rollizas o espigadas, alegres, sonrientes, serias, era un desfile de un sin fin de carácter, caras y formas que, al pasar de las horas, seguramente se volverían familiares por la interacción. Recordaba cómo en eventos anteriores acababa por ubicar, por ejemplo, a la rubia que siempre se sentaba a la derecha del salón y que la mitad del tiempo se la pasaba mensajeando y sonriendo con su teléfono celular, otra mujer que destacaba de sobremanera por un peinado espectacular, y que al final resultó siendo una antigua compañera de escuela, como era costumbre, acabaría por ubicar a la mayoría por su apariencia o por algún distintivo que sólo él observaba, pues ésta era un don que Raúl había recibido y que al parecer aún no valoraba.

El lugar, a pesar del angustiante reloj que marcaba la cuenta regresiva aparentaba estar sin espacio para una persona más, Raúl se preguntaba si acaso todos los asistentes habían tenido que convencer a alguien para que los invitaran; el tiempo se terminaba y seguía sin ver a Linda, quizá el reto sería que a partir de ese momento tendría que hacer nuevos amigos, al menos hasta que Linda apareciera.

Mientras sus ojos la buscaban, sus oídos escuchaban a un par de señores en la fila de adelante, que se presentaban de manera peculiar, pues uno dirigió su pregunta al otro en tercera persona como para darle pie a una presentación más abierta, «¿Quién es realmente Samuel?», preguntaba. La mente de Raúl imaginó cuál sería su respuesta si le hubiesen preguntado a él «¿Quién es realmente Raúl?» y formuló su respuesta: Raúl es profesor del Tec en Monterrey, allá donde el cabrito es una de las comidas preferidas, no era originario de Monterrey, llevaba más de doce años radicando ahí, quienes lo conocían podrían decir que vivía realmente muy contento, estaba casado con Lucía, a quien le lleva ocho años de edad, ella es una importante empresaria en el ramo de los bienes raíces, ambos procrearon dos hijos, Juan Manuel —ahora de 15 años— y Sabrina, una hermosa niña de nueve años, que volvía loco a Raúl con ese par de hoyitos en las mejillas que se le formaban cada vez que sonreía, siempre tenía esa mirada coqueta que tienen las niñas, especialmente con sus padres. Un clásico momento era cuando su hija le preguntaba «¿Puedo papá?» la respuesta automática de Raúl era un «Sí», aunque después agregaba «¡Pero cuídate mucho!» él sabía que de nada servía la recomendación, pero esa frase lo dejaba tranquilo.

Físicamente Raúl era un tipo agradable a la vista, con casi 1.85 m de estatura (poco común para el promedio de los mexicanos de su edad), había jugado fútbol americano desde joven, deporte que le había enseñado una filosofía de vida ganadora, recordaba las frases que cada *coach* le había dicho una y otra vez, máximas como la adjudicada a la leyenda Vince Lombardi «En el fútbol americano como en la vida, lo importante no es ganar, es lo ÚNICO», así como otras frases como «Todo mundo se acuerda del campeón, pero nadie del segundo lugar». En fin, cada día de su vida dentro de los campos de fútbol, mientras entrenaba, alguien le gritaba desde las tribunas un «¡Sí se puede!», muchos *coach* le decían «¡Nunca te rindas!», otros gritaban «¡Somos un equipo!», todas las frases llevaban su carga emocional para lograr su superación.

El resultado real es que su equipo nunca fue campeón, es más, en cada temporada en la que participó, en cada partido, o en cada jugada en la que estuvo su desempeño fue promedio, a veces destacaba con una gran jugada, una *tackleada* o una gran corrida, pero otras veces se hacía notar por un error que hacía perder yardas a su equipo, otras más por equivocarse al ejecutar la jugada; sin embargo, Raúl podía recordar esa época como una de grandes triunfos, en las escasas reuniones que había vuelto a tener con sus compañeros de equipo platicaban una y otra vez las hazañas que habían marcado su vida, con ellos se sentía grande, cada vez más grande cuando las recordaban. Esos tiempos, para ellos, de gloria quedaron marcados en sus mentes.

Quizá ahí radicaba su constante espíritu de superación, buscaba la fórmula mágica para ser feliz, para trascender como lo había hecho en esos partidos cuando lograba el momento perfecto, sin ser necesariamente la jugada ganadora, como a veces pasa en las películas de Hollywood, eran simplemente sus momentos de gloria, que deseaba regresaran, quizá no se daba cuenta que día a día los vivía, pero nadie se lo hacía saber con gritos como en aquella época, ahora la situación era más personal y de eso Raúl aún no se daba cuenta.

A pesar de que le encantaba la sociología y que, había estudiado Relaciones Internacionales en la Universidad y una Maestría en Administración, su experiencia y deseo le llevaron a enseñar en aulas, a ser asesor de sus alumnos en el Programa Emprendedor y en la asignatura de Negocios, Raúl se encargaba de que sus clases fueran creativas e innovadoras, cada día los sorprendía con una serie de dinámicas y ejercicios muy interesantes que había aprendido a lo largo de los distintos eventos a los que asistía. Aquí aplicaba perfectamente los conocimientos aprendidos, sin embargo y tristemente, pocas veces los aplicaba para sí mismo.

Cada vez que podía, en la clase de Negocios explicaba aquello que recordaba de sus grandes momentos de gloria en el fútbol, les decía a sus alumnos que a pesar de las circunstancias no debían darse nunca por vencidos tan fácilmente, y mucho menos viviendo en un país como México, donde según dicen algunos estadistas, de cada diez negocios que se abren al año sólo cinco subsistirán el segundo y de ellos sólo uno pasará del quinto año, lo que hace que la tasa de cierre de negocios en México sea una de las más altas en el mundo.

Todo esto hacía que Raúl siempre intentara entender cómo podría ser posible, si en la realidad el simple hecho de abrir un negocio en México ya era un verdadero *vía crucis*, con tantos trámites y permisos que las entidades gubernamentales requieren, cosa que habla de que los empresarios ya habían superado su primer gran reto. Sin embargo, cada mes veía cómo más y más negocios pequeños cerraban sus puertas, él quería romper esa cadena de frustración para sus alumnos, por eso dedicaba tantas horas en planear sus clases de Negocios.

Raúl tenía en su haber varios fracasos, negocios que desde pequeño había emprendido y que por una u otra razón ninguno había funcionado generalmente, generalmente, el primer día de clases ponía a sus alumnos como ejemplo su primer negocio, una empresa cuya simple misión era vender pollos a las pollerías de la zona, para ello se levantaba todos los días a las tres de la madrugada, una hora más tarde ya estaba en la central de abastos peleando por seleccionar el mejor producto, enfrentaba a tipos duros que eran generalmente hijos de un padre que se había dedicado a lo mismo, o que durante dos o tres generaciones habían hecho presencia a esa temprana hora para que el «Zurdo», el «Chale» o alguno de los surtidores de pollo que despachaban más rápido un producto de mejor calidad a los clientes más conocidos y en consecuencia tenían más oportunidad de revender con mayor facilidad.

Al principio Raúl acababa rematando su mercancía porque tenía que vender a las pollerías más alejadas, mismas que no querían recibirlo por la baja calidad y la tardanza con que llegaba a su destino en proceso de descongelación, poco a poco se fue ganando la confianza de los surtidores y con algunas tretas de corrupción lograba que le pusieran una carga de calidad de mediana a buena, y así podía vender en las pollerías de mejores zonas, lo que además le aseguraba una venta pronta y mejor pagada.

Un día, casi nueve meses después de despertarse por la madrugada los inspectores de la Secretaría de Salud estaban a la salida de la central, deteniendo a todos aquellos que llevaban el pollo en sus camionetillas destartaladas, confiscaban la mercancía a todo aquel que no tenía las licencias en regla, sobra decir que 90% de quienes venden pollo a establecimientos no las tiene, por supuesto Raúl perdió ese día toda su mercancía, al día siguiente no tuvo suficiente capital para darle la «propina» al surtidor, por lo tanto volvió a recibir el producto de la peor calidad y tarde; sus ventas se vinieron abajo y su mente se derrotó. Se hartó de ello. Ese día cerró oficialmente su primer mal negocio, venta de pollo a pollerías ¡nunca más!

Su primera reacción para salir de su depresión, como él la había diagnosticado, fue buscar un grupo de autoayuda que por las condiciones y por como lo buscaba más bien era grupo de auto-lamento, en cada sesión, cada persona pasaba a decir en 15 minutos cómo había fracasado y lo mal que se sentía por ello, evidentemente Raúl tuvo su tiempo en el estrado, comenzó diciendo (o maldiciendo):

—Me llamo Raúl, vendía pollo pero ya nunca más, la gente es muy injusta, nadie ayuda a nadie, y desde el primer día que comencé mi negocio la gente no dejó de decirme lo mal que me iría y lo difícil que sería, lo imposible que resultaría hacer ese negocio. Recuerdo que invertí en una pequeña camioneta Nissan con diez años de uso, mi primera idea era que cuando el negocio comenzara a funcionar invertiría en una nueva, y luego otra, y así formaría en poco tiempo mi flotilla de camionetas para distribuir de una manera eficiente y rápida el pollo a todos los restaurantes y pollerías de la zona. Tendría choferes y los capacitaría, su característica principal sería una distribución y servicio excepcional.

El primer día de mi negocio llegó, arranqué mi camioneta cargada con casi 40 kilos de pollo más otros tantos de hielo para evitar que se descompusiera, y en lo que iba de un lado a otro a ofrecer mi producto me detuve a cargar gasolina, arranqué y apenas avancé unos kilómetros cuando, de repente, la camioneta comenzó a echar humo del motor. Rápidamente bajé, no traía extintor en el carro y las llamas salían por el cofre, una persona corrió al OXXO, que por suerte estaba enfrente, y compró una Coca Cola de dos litros (desde luego se la pagué), y la vació por completo sobre las llamas del motor de mi camioneta, que aún tenía 40 kilos de pollo encima y otros tantos de hielo. Alguna vez había escuchado que habría que sobreponerse a las desgracias, así que a empujones orillé mi camioneta (ya luego buscaría cómo repararla) y cargué una cubeta con algunos kilos de pollo y me dirigí en taxi al mercado, recorrí cada uno de los 35 puestos que lo conforman, buscaba que, piadosamente, los locatarios compraran mi pollo. Harto del intento de venta y con la mente ocupada en pensar lo que costaría reparar mi camioneta, además del daño a la mercancía, y con la seguridad de que a mi regreso encontraría el pollo que había dejado en la caja rodeado de un charco de agua por el hielo derretido, eso si no se había descompuesto por el intenso calor que a esa hora de la mañana hacía en la ciudad.

Lo peor de todo es que tuve toda la razón, mi pollo estaba descongelado y empezaba a oler mal. El costo de la reparación, sumado a la pérdida del pollo, y además las ampollas que tenía en la mano por cargar la pesada cubeta superaron mi ánimo de levantarme al otro día, y al otro, en menos de una semana me di por vencido en mi negocio del pollo. No más distribución, no más calidad de servicio y no más camionetas, oficialmente había desertado de ese negocio.

Aún así me levanté un día y logré cambiar mi chip, mi mente se enfocó en aquellos animosos gritos de mi época de jugador, cuando se escuchaba «¡Sí se puede!». Retomé mi camioneta (que ya había reparado), salí de nuevo a la central de abastos a las tres de la madrugada y con ese renovado brío volví a poner en funcionamiento la distribuidora de pollo. Nueve meses después y con los inspectores de salubridad encima de mí, me volví a dar por vencido, esta vez para siempre.

La gente del grupo de autoayuda que escuchó su discurso aplaudió la valentía de contarlo, y más de uno soltó una lágrima recordando la historia de su propio fracaso, Raúl llegó a su asiento y el compañero de al lado, con su mano firme le dio una palmada en la espalda con un gesto de «Ni modo, así es la vida», eso le hizo saber que jamás regresaría a esa grupo de auto-lamento, en ese lugar había recibido suficientes dosis de fracasos, entre ellos el suyo. Así fue como Raúl terminó su testimonio-lamento.

Tiempo después, Raúl se encontró con un amigo platicaron sobre cómo iba su vida, y con empatía, le dijo que también él había estado en un congreso de auto-lamento, al salir de ese lugar se dio cuenta que estaba destinado para algo más grande, y para platicar sobre ello lo invitó a tomar un café a Vips, donde le propuso el mejor negocio del mundo, palabras textuales de su amigo, un multinivel, uno de esos negocios basado en un sistema de redes que vendía una serie de hierbas, desde las que sanaban leves dolores de cabeza y diarreas, hasta poderosas mezclas que bajan de peso, elevan los niveles de testosterona, reparan las células oxidadas y dan fuerza a los músculos, todo ello en tan solo una semana con un licuado que generalmente sabía asqueroso.

Tanto que gastan los laboratorios en investigación y la solución a todo estaba en un licuado por las mañanas, ¿habría dado en el clavo?, ¿sería esta la fuente inagotable de ingresos que estaba esperando? En ese momento la emoción de Raúl iba en aumento, nunca se percató que su amigo seguía siendo gordito y achacoso, a pesar de que tenía en sus manos el producto diseñado para solucionar todos los males, Raúl pensó que esta podría ser la oportunidad de su vida, ya que algunos siempre le habían hecho creer que las oportunidades no hay que dejarlas pasar porque se presentan una sola vez en la vida. ¡Si así lo piensas, así sucederá!

Resultó que el negocio no eran las hierbas, pues Raúl (al igual que su amigo) nunca vio el efecto mágico de ese licuado, además de que era caro y salía del presupuesto de muchos de sus conocidos con quienes él se acercaba a venderlo. El negocio verdadero era convencer de que se afiliaran más y más personas, que éstas a su vez afiliaran a más y más integrantes, las hierbas eran el efecto secundario, lo de menos era que funcionaran, el negocio estaba en ser muchos y cada día más.

El tiempo se encargó de disuadirlo de tratar de convencer a la gente de un producto milagroso, y con ello, lentamente se reducían los de por sí pocos ingresos que recibía por su red. Acabó del mismo modo que con el negocio de pollos, solo que esta vez decepcionado y sin interés por las hierbas mágicas con amargos sabores y licuados prometedores.

Con la experiencia de sus dos actividades fallidas, Raúl vivió un proceso en cada grupo, cada evento y cada congreso que asistía, lo que dedujo es que los asistentes tenían algo en común: el fracaso. Entonces ¿qué era lo que hoy lo había hecho estar ahí? ¿Linda? ¿Su propia frustración? ¿Su deseo irreparable de ser alguien más? aún con el reloj en cuenta regresiva hacia un nuevo destino, Raúl no tenía una respuesta clara, aunque aún no veía a Linda, percibió que se respiraba un clima distinto entre los asistentes, un ambiente de éxito, ¡tenía que averiguar cuál era la razón!

Su matrimonio con Lucía no era realmente bueno, él no sabía si eran los 17 años de vivir juntos, la rutina (hacer lo mismo y de la misma manera), o aquellas cosas que año con año venían a menos y por consiguiente su relación se distanciaba cada vez más y más. Esto es normal en todos los matrimonios, se decía Raúl para justificarse ante su imposibilidad de hacer, crear o simplemente de querer planear algo nuevo con su esposa.

Las típicas metas matrimoniales estaban alcanzadas, se casaron con la ilusión de formar una familia, al pasar los años lo lograron con dos hijos sanos, adquirieron una casa propia y se desarrollaron profesionalmente, tenían un trabajo seguro que les daba sustento. Quizá lo único que les faltaba era que sus hijos terminaran la Universidad para cumplir completamente con las metas de la vida, en lo que se refiere al concepto de familia.

Olvidaron preguntarse, desde hace mucho tiempo, qué es lo que realmente los hacía felices, qué buscaban, qué metas vivirían juntos y cuáles más por separado.

El sonido de una melodía irrumpió su pensamiento, todos tomaron su lugar pues el congreso daría inicio de un momento a otro. Las luces se apagaron y del fondo del salón salió un solitario bailarín con un llamativo traje fluorescente, recorrió todo el salón al ritmo de la música, con su mano tocaba a los asistentes en la cabeza al tiempo que lanzaba finos polvos brillantes anunciando que la magia de la transformación estaba por comenzar, apareció una silueta femenina y en la pantalla se proyectó una frase, Raúl puso mucha atención y junto a los más de 300 asistentes leyó detenidamente lo que se desplegaba en las pantallas y que les dejaba ver que sería, lo que vivirían, escucharían y experimentarían en la aventura llamada

Capítulo 2
La familia

*«Tener hijos no lo convierte a uno en padre,
del mismo modo en que tener
un piano no lo vuelve pianista»*
Michael Levine

Faltaba escaso un minuto y el letrero seguía en todas las pantallas:

Nadie salió del salón, esto hizo que se sintiera tensión en el ambiente, la mayoría de los asistentes volteaban a uno y otro lado, tal vez con la idea de ver a los que huían o de encontrar al valiente que diera el primer paso hacia afuera para seguirlo; Raúl, por su parte, estaba seguro que estaba en el lugar correcto, ni siquiera contempló la posibilidad de irse, disimuladamente vio el reloj de la pantalla, sabía que le quedaba poco tiempo para cambiar su decisión y aunque quedaran cuatro segundos para que el plazo se venciera no la cambiaría, estaba dispuesto y necesitaba un verdadero cambio.

En esta ocasión Raúl no enfrentaría a sus familia ni a sus amigos, que sabían que había invertido parte de sus ahorros en este evento, y aunque los organizadores prometían reembolsarlo totalmente si salía ahora, no quería perder el tiempo que había invertido en la planeación, desde decirle a Lucía que nuevamente iría a un evento «de estos» con la esperanza de que este sí funcionaría, tomar un par de días de sus vacaciones, soportar al gordo que le tocó de compañero en el camión — quien además de que lo apretó contra la ventana la mayor parte del tiempo, se la pasó roncando de tal manera que Raúl no pudo escuchar la película que le transmitieron en el autobús.

Si acaso decidiera salir en ese momento,

podía escuchar las palabras de Lucía al llegar día casa «Ya ves cómo tenía razón, ni siquiera te interesaba ir, ya déjate de asistir a esos tontos congresos que sólo gastan tu tiempo y nuestro dinero», de hecho corría el riesgo de llegar a casa y no encontrar a su familia, pues frecuentemente Lucía tomaba sus cosas, sus hijos y se iba a Reynosa a visitar a sus padres. Entonces estaría solo en casa, deprimiéndose y con la culpa de haber abandonado el cambio prometido en ese mensaje multicolor y multisonoro con el que abrió este congreso. No se lo perdonaría jamás «Era un hecho», se dijo «¡Esta vez no renunciaré!».

Entrecerró los ojos mientras pasaba el tiempo, pensaba en lo maravilloso que sería ser el ídolo de su hijo, Juan Manuel, quien no había heredado la pasión por los deportes, lo suyo era más bien el Xbox, la computadora, el iPad, las redes sociales y todo lo que al parecer lo aislaba del mundo. Pero para Raúl no era una forma de vida adecuada, se le dificultaba mucho aparentar ser el mejor amigo de su hijo, pues poco o nada entendía de esos juegos, había abierto una cuenta de Facebook dos años atrás y sólo era visitada por sus alumnos cuando tenían que preguntarle algo sobre las tareas, nunca había escrito nada interesante en su muro, obvio, Juan Manuel no era «amigo» de su papá en Facebook, la única vez que

Raúl le envió una invitación de amistad a su hijo la había rechazado y el tema nunca se tocó en casa; Twitter no figuraba entre sus redes.

A sus 15 años Juan Manuel no era diferente a sus compañeros, si le preguntaban acerca de sus valores sólo decía que sus papás nunca lo llevaban a misa, por lo que los valores los consideraba ajenos a él, sin embargo, Juan Manuel era considerado por todos como un muy buen muchacho y aunque él no lo sabía, tenía fincados altos valores, heredados y proporcionados por sus padres, quienes en su forma y estilo procuraron en él y en su hermana los valores de la religión que profesaban.

Era puntual como su papá, decidido y honesto como su mamá, gustaba de los juegos pero jamás dejaba de hacer una tarea o alguna investigación que le dejaban en la escuela, cuando practicó Tae kown do nunca faltó a una práctica, y todos los sábados por la tarde asiste a un curso de paramédico con la firme idea de, algún día ayudar a los demás. El problema para él es que sus papás nunca le han dicho explícitamente que justo en eso radican los valores —quizá ni ellos mismos se han percatado de ello.

Pocas eran las veces que convivían fuera de la cotidianidad de las comidas de fin de semana,

Raúl se daba cuenta que cada día dejaba pasar momentos especiales, se desperdiciaban oportunidades únicas para establecer lazos fuertes, pero no había podido establecer sus prioridades, fluctuaba entre su trabajo, su esposa e hijos, sus *hobbies* y esta su pasión, seminarios, congresos y cualquier evento de superación. Cuando se proponía fijar límites y establecer jerarquías en sus actividades algo sucedía en su vida que, justo lo esencial quedaba en la lista de sus pendientes.

Recordaba que en uno de sus encuentros con Linda ella le había dado un mensaje especial, que de hecho fue lo que terminó de convencerlo de asistir a este congreso, dejar de posponer las cosas y accionar. Sin importar las veces que había fracasado en su intento, tenía que volver a emprender la marcha para conseguir lo que se proponía. El problema era que no sabía cómo, en ese ir y venir perdía valiosos momentos que quizá nunca regresarían, sobre todo en la convivencia con su hijo, que pronto sería adulto e independiente, los años pasaban en lo que parecía un abrir y cerrar de ojos.

Sabrina tenía sólo 9 años de edad, amaba los viajes de su padre porque siempre regresaba con un regalo, a veces un simple peluche del aeropuerto y otras con algún extraño artículo — no necesariamente costoso— a Raúl esto lo hacía sentirse bien por haber estado fuera y dejarlos solos por asistir a sus eventos, ella invariablemente esperaba una pequeña sorpresa de su padre. Sabrina amaba el ballet y la danza, asistía a clases dos o tres veces por semana, siempre acompañada por su mamá, además de que cada semestre se presentaba en algún foro con alguna obra o baile al que Raúl y Lucía asistían con su tradicional ramo de rosas rojas para obsequiarle —como a las artistas de Broadway—, símbolo de que una vez más estaba haciendo lo correcto.

Sabrina era una alumna potencialmente sobresaliente, pues dependía de qué tanto quería algo de regalo ese bimestre para que alcanzara excelentes notas, aunque a veces obtenía notas regulares, siempre aprobaba. No era muy amiguera, sus pocas amigas eran sus mejores amigas, se decían que eran como hermanas, eran *forever together*, llenaban sus muros de Facebook con mensajes positivos entre ellas, «Te quiero mil», «Te amo», «Eres lo mejor que me ha pasado», se contaban por cientos mensajes de este tipo.

En muy pocas ocasiones —pero de verdad muy pocas— Sabrina mencionaba a su papá o a su mamá en su muro, generalmente los mencionaba cuando le negaban algo. Su perro era «Tontín», se había ganado a pulso el nombre, pues de pequeño un día se cayó tres veces del sillón por corretear su cola, las tres veces del mismo modo en menos de cinco minutos, «Sólo un tontín haría lo mismo tres veces con el mismo resultado», dijo Raúl en esa ocasión, y decidieron nombrarlo así. En casa conservaban una pecera vacía, lugar donde alguna vez hubo dos peces que murieron quemados un día que se descompuso el calentador y el agua llegó cerca de los 50°c, hirviendo —casi en automático— a sus pececillos naranjas.

Raúl estaba seguro —porque así lo había platicado alguna vez con su amigo Tino— que si alguna vez se hubiera detenido un par de minutos a analizar su familia y sus vidas, se hubiera dado cuenta que tenían mucha suerte de permanecer juntos, todos eran tan distintos y al parecer tenían diferentes metas en la vida.

Tino, ese personaje con el cual siempre platicaba horas y horas, era además de su mejor amigo, su «hermano», confidente y algunas veces su *sensei*, le encantaba filosofar sobre la vida con él. Tino era exitoso en los negocios, tenía dos autos Mercedes Benz último modelo —uno de él y otro de su esposa—, tenían una linda casa con todas las comodidades de la vida moderna, era comerciante nato, capaz de venderse a sí mismo al diablo, siempre aconsejaba a Raúl y lo regañaba por perder tiempo haciendo cosas —según él inútiles— como ir a los seminarios que tanto le gustaban, quizá no se daba cuenta que era Tino la primera limitante por la que nunca le funcionaban esos eventos.

Tino heredó de su padre una empresa de uniformes —que a su vez había heredado de su abuelo— en la que trabajaban más de 70 costureras y siete vendedores, laboraban de lunes a viernes, de 08:00 a 18:00h, su trabajo consistía prácticamente en firmar cheques para proveedores y revisar que los clientes pagaran en tiempo y forma.

La mayor parte del tiempo la pasaba navegando y chateando con amigos en Internet, planeando su fin de semana para ir a pescar o jugar una partida de golf, adicional claro, a sus salidas al club de golf los miércoles, que terminaban siempre en el hoyo 19 tomando un buen whisky, rememorando sus —según ellos— casi perfectos tiros de acercamiento y soñando con jugar como un tigre —refiriéndose obviamente a Tiger Woods.

Raúl estaba seguro que Tino no lo criticaba en mal plan, quizá si hubiera tenido el tiempo de irse de pesca con él o, al menos de tomarse cada miércoles de su vida de maestro para caminar en el verde pasto pegándole a la pelotilla de golf, no lo reprendería tanto. Lo que era cierto es que en realidad Raúl se daba cuenta de que Tino no lo aceptaba como era, y eso era suficiente para que criticara a Tino sarcásticamente al referirse a sus *hobbies* y forma de trabajo. Nuevamente, cuánta razón tenía Linda cuando le dijo que viviera su vida y no la de los demás, «Cada quien es feliz cuándo y cómo lo decida, aunque normalmente el problema es que pocos saben ser felices con lo que tienen», comentaba ella con una sonrisa pícara en el rostro.

De la misma forma le ocurría con Manuel «El Arnold», instructor de pesas del gimnasio al que asiste Raúl de manera irregular, no deja de decirle lo gordo que está cada vez que Raúl falta, siempre le aconseja beber licuados y consumir proteínas.

Verónica, madre de Raúl, no deja de decirle a su hijo cómo debía tratar a Lucía y cómo educar a sus nietos, porque según ella Juan Manuel y Sabrina ya les habían tomado la medida, y eso en sus tiempos no sucedía «Nada que una buena nalgada a tiempo no solucione», le dice siempre al despedirse, cuando deja sus últimas recomendaciones.

Francisco Vizcaíno, corrección, el Ing. Francisco Vizcaíno, antiguo jefe de Raúl, le llamaba la atención todos los días porque según él era la forma más sencilla de motivarlo, Raúl aún recuerda cómo un día el ingeniero entró al salón donde estaba dando clase, se paró frente al grupo e hizo que todos los alumnos pasaran al pizarrón a escribir un aspecto negativo de su profesor, obviamente antes de eso sacó a Raúl del salón y lo dejó entrar cuando el pizarrón estaba lleno, literalmente lleno de mensajes negativos hacia su persona. Francisco, con una mueca sarcástica le dijo «Raúl, ve todas las áreas de oportunidad que tienes con este grupo, ¡aprovéchalo!» Raúl tardó casi diez minutos en borrar del pizarrón todos los mensajes que sus alumnos le habían dejado y que le partieron el corazón mientras que su jefe las llamó «áreas de oportunidad», ¿oportunidad de qué?, ¿de cambiar de profesión o al menos de escuela?

Parecía que el mundo conspiraba siempre en su contra, como si todo y todos se hubieran confabulado para decirle sólo lo malo, su familia, su antiguo jefe, sus amigos, su propia madre y muchos con los que se relacionaba y que formaban su círculo más cercano, era como si el mundo entero le dijera a Raúl en su cara «¡Bájate de este mundo!, no nos robes el aire»; hasta Mafalda —el personaje del cómic argentino— hubiera hecho un buen chiste de su vida.

En ese momento apareció Linda en su mente, la veía riéndose mientras platicaban y él se quejaba de sus problemas familiares, en vez de escucharlo y ponerse en sus zapatos, restó toda importancia a sus problemas y le dijo «Raulito, Raulito, ¿cuándo te darás cuenta que tienes la solución a todo esto frente a tus ojos?». Claro, ¡qué fácil era decirlo cuando ella no tenía que cumplir sus metas y sueños arrastrando a todos los demás para lograrlo! —tal como él lo había hecho con su familia durante todos estos años.

El tiempo cumplió su promesa y el tan esperado cero apareció en la pantalla, se apagaron las luces, cesó la música, Raúl quiso encontrar —sin éxito— a la sofisticada figura femenina y al hombre del llamativo traje fluorescente en la sala, pero sólo se escuchaban algunos murmullos y suspiros de los asistentes, en las pantallas que hacía unos segundos estaba el anuncio de «Peligro» comenzaron a volar mariposas y a salir flores de brillantes colores, al fondo se veía la silueta de un niño que corría hacia el primer plano, al mismo tiempo que una hermosa melodía sonaba en el salón, y justo al momento de llegar el niño al frente, alzó las manos hacia el cielo y apareció en la pantalla el mensaje:

Misteriosamente, como en sintonía, todos comenzaron a aplaudir liberados de la tentación de haber podido cambiar de opinión y perderse este momento, Raúl aplaudía con más fuerza que el resto, la espera había terminado, el congreso iniciaba y, sin quererlo, ya había aprendido —en menos de cinco minutos— la primera lección: **mantenerse firme en sus decisiones a pesar de las consecuencias que pudieran ocasionar.** Este era su primer acierto en el camino, Linda le había advertido que enfrentaría muchos, sólo que él no pensó que sucedería tan rápido, eso le recordó que Linda seguía sin aparecer, ¿acaso no llegaría? el evento había iniciado y ni ella ni «Los Transformadores» estaban ahí, ¡qué raro!, se mantuvo en silencio, cerró los ojos por un segundo, pensó, pensó y pensó…

Capítulo 3
Mujeres

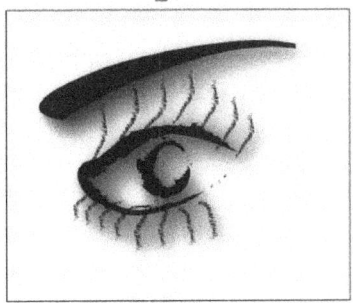

*«La mujer es como una buena taza de café:
la primera vez que se toma, no deja dormir»*
Alejandro Dumas

La pantalla continuaba reflejando el alentador mensaje rodeado de imágenes de flores, mariposas y como telón de fondo la armoniosa música que envolvía a todos con una sensación de éxito por haber decidido quedarse, poco a poco los asistentes dejaron de aplaudir y tomaron asiento. Raúl fue uno de los últimos en sentarse, tratando de ver a su alrededor —sobre todas las cabezas— para descubrir en dónde estaban los organizadores, seguramente Linda también estaría por ahí sentada con su hermoso porte envuelto en un elegante traje sastre, con esa seguridad que desprendía el día que se reencontraron en el café, a unas cuadras del trabajo de Raúl.

Aquél día —recordaba Raúl mientras se sentaba en su lugar— estaba sentado en la terraza del Starbucks tomando un caramel macchiato descafeinado grande en vaso desechable con su manga de cartón para no quemarse la mano —tal y como lo hacía rutinariamente casi todos los días desde que trabajaba en el Tec— cuando en la fila de la caja alcanzó a ver una elegante y guapa mujer, se distinguía por su buena figura, a pesar de que el traje sastre le cubría casi por completo y la falda le llegaba hasta la rodilla, podía asegurar que las largas piernas de esa mujer eran la fantasía de muchos hombres, incluido él.

La enigmática mujer de piernas largas

terminó de pagar, dio tres pasos hacia la barra para recoger su café y bastó ese movimiento para mostrar un despliegue de su increíble seguridad, haciendo que más de uno mantuviera la vista en su rubio cabello que se movía con atractiva cadencia, armonizaba mágicamente con sus pasos y el sonido rítmico de sus tacones golpeando las baldosas cerámicas del lugar. Tomó su vaso y agradeció al joven que la atendió, por un segundo Raúl envidió al barista que amablemente le correspondió con una sonrisa tímida y nerviosa — seguramente por la imponente figura femenina que acaba de atender.

Al darse la vuelta, ella dirigió sus pasos hacia la terraza, casi de frente a donde Raúl estaba sentado, atónito mirándola, casi se cae de la silla cuando se dio cuenta que la escultural mujer de altos tacones, de cadencioso caminar, de piernas largas, de cabello rubio con movilidad de ángel, tan segura de sí misma era una de sus exnovias de la universidad, era Linda Basurto Güemes.

Aunque ella estudiaba Administración de Empresas, compartieron aula en muchas de las clases de tronco común, desde el primer día que coincidieron en una asignatura se hicieron amigos, pues ese día Raúl amablemente le pidió una pluma prestada para tomar apuntes —ese día él agradeció su mala costumbre de extraviar las plumas—, Linda sacó de su bolsa una pluma negra y se la prestó. Durante el transcurso de la interesante clase, Raúl —sin darse cuenta— mordía la parte superior de la pluma mientras tomaba apuntes y prestaba atención al profesor —esa manía que tenía desde la secundaría, bueno esa y muchas otras más, de algunas se percataba inmediatamente, pero había otras tantas de las que no era consciente—, cuando intentó devolver la pluma se dio cuenta que la tapa superior estaba marcada con sus mordiscos, se sonrojó y apenado trastabilló al disculparse con su nueva compañera de banca, ella le dijo «No te preocupes, es sólo una pluma, claro que era mi pluma favorita, pero ni modo», coquetamente se dio la vuelta sin tomar la pluma, dejando a Raúl aún más sonrojado por su último comentario. ¿Sería un chistecillo irónico? Se preguntó Raúl.

Para la siguiente clase, Raúl no olvidó el incidente y compró una pluma idéntica a la que había mordido, la acompañó de una tarjeta que decía «Puedo ser tu pluma favorita, nunca me prestes a Raúl». Al leerla, Linda movió los hombros y sonrió —ahora la apenada era ella—, sonrojada le dio un beso en la mejilla, «Gracias» le dijo «no era necesario, pero la guardaré y haré caso a tu consejo».

Se volvieron los mejores amigos, durante más de dos semestres asistieron a fiestas, hacían sus tareas en equipo, el novio de Linda estaba celoso de esa amistad, según él parecían más que amigos, y es que a Raúl le había encantado Linda desde el primer día, pero como dicen, «Los mejores amigos nunca serán los novios», y él, tristemente se había convertido en ese mejor amigo, si Linda no tuviera novio sería una tentación terrible y no sabría cómo afrontar las criticas si su noviazgo se diera.

Pasaron más de dos semestres de compartir —como amigos intensos— muchos buenos, regulares, aburridos, divertidos y hasta malos momentos, entonces la casualidad hizo que sucediera lo inesperado, esas cosas que suceden cuando el mundo gira a la velocidad adecuada y pone las cosas irremediablemente en su lugar. Lo cierto es que a Linda también le gustaba Raúl, esto lo supo él esa noche donde todo hizo clic, habían bebido unas copas de más, sus labios se encontraron en medio de una serie de sonrisas que los pusieron en posición de peligro —así lo describió Linda a sus amigas— sus bocas estaban a menos de 5 cm. de separación —esa es la llamada «distancia peligrosa»— y entonces sucedió lo que debía suceder cuando dos jóvenes adultos se gustan, se besaron y así los dos mejores amigos comenzaron su amor universitario.

Mantuvieron una relación que no era la ideal ni de uno ni del otro, tampoco fue una relación tormentosa, es que en realidad no fueron el amor de su vida, ambos extrañaban ser los mejores amigos, sin embargo, la decisión estaba tomada, un año después de ese primer beso Linda se mudó a la ciudad de Torreón para terminar su carrera pues sus padres habían elegido esa ciudad para instalar un negocio (una distribuidora de llantas). En esa época sin Facebook, ni correo electrónico, sin FaceTime ni Skype, con unos primitivos y carísimos teléfonos celulares, la distancia —que es terriblemente traicionera— determinó su ruptura y así, tal como empezó el romance, se despidieron con un beso sin pasión.

Ahora, entre los sonidos de la barra del Starbucks y conforme ella se aproximaba hacia él, Raúl estaba muy nervioso, se escondía vagamente en la terraza tras su iPad simulando leer algo, otra parte de él se escondió tras de su vaso desechable, ella estaba más cerca, tímidamente Raúl emergió lentamente de su escondite y buscó coincidir con la mirada, sus labios se abrieron para decir un «Hola» apenas audible para él, pero a menos de dos pasos de distancia Linda giró 90 grados y tomó la silla de la mesa que estaba vacía, se sentó sin percatarse de la presencia de su exnovio, que, temeroso permanecía «escondido».

El corazón de Raúl palpitaba intensamente, temblaba, la adrenalina hizo que un sonoro estruendo saliera de su boca, un hipo intenso lo atacó, los comensales voltearon y pudo escuchar risas a su alrededor, estaba sonrojado cuando sus miradas se encontraron, sonrió y se disculpó con un «Lo siento, perdón», misma expresión que usó hace tantos años en aquél salón mientras le devolvía la pluma mordida. Los ojos verdes de Linda se hicieron aún más grandes cuando lo reconoció «¿Raúl? ¿Eres Raúl Esquerra, verdad?».

En microsegundos ella le estaba dando un fuerte abrazo, él aún no se reponía, ella, demostrando su seguridad se instaló en su mesa, estaba feliz reencontrarlo después de tantos años.

—Cuéntame Raúl, ¿cómo has estado?, ¡platícame todo! —Linda dirigía la conversación, tomó la mano de Raúl entre las suyas, situación que lo puso aún más nervioso.

—Pues bien, Linda… relativamente bien —notoriamente tenso temeroso de que su mano, atrapada, comenzara a sudar— traté de establecer un negocio que no funcionó, he sido maestro desde que me gradué de la universidad, tuve algunas malas experiencias, finalmente conseguí trabajo en el Tec para poder estudiar una Maestría —sin darse cuenta habló y habló, se quejó de todo lo negativo que había sucedido en su vida, le contó lo difícil que había sido su situación laboral con el exjefe que lo había puesto en ridículo frente a sus alumnos, de cómo su mejor amigo lo trataba como fracasado, se lució cuando habló (durante más de 30 minutos) mal de su esposa, en ningún momento mencionó lo feliz que fue cuando nacieron sus hijos, también olvidó mencionarle lo bien que la había pasado en su boda, y cuántas veces había divertido con su esposa en fiestas, viajes, con sus amigos; al parecer, lo único que había ocurrido en su vida eran puras desgracias. Linda nunca perdió detalle de la conversación, estuvo atenta sin decir una sola palabra, a veces asentía, pero dejó que Raúl externara sus mayores frustraciones, como si ella fuera una terapeuta.

Transcurrieron más de 45 minutos y él no dejaba de hablar; Linda ya había terminado su café, fue su teléfono quien lo interrumpió, recibió una llamada que lo hizo regresar a la realidad, era Marcela, la secretaria del Tec que hablaba para preguntar por qué no había asistido a su clase —que había iniciado hacía más de 10 minutos—, los alumnos habían ido a la Dirección para preguntar si habría clase. Con el corazón palpitando de nuevo mintió:

—Vine al café y la llanta de mi coche estaba ponchada, no traía refacción, pero ya lo solucioné, estoy arrancando, lo siento.

Linda hizo una mueca simpática al darse cuenta que Raúl no tenía el valor para enfrentar estas situaciones, así que menos lo tendrá para enfrentarse a sí mismo. Soltó la mano de Raúl —que ya estaba mojada con el sudor de él y le dijo «Corre, no llegues más tarde, que ya no te creerán si se te poncha otra llanta, por cierto, estoy bien también», dijo en tono irónico para que Raúl se diera cuenta de lo que había hecho, él reaccionó con un «¡Upps!, Linda lo siento, ¿por qué no me dejas invitarte mañana un café aquí?, prometo no hablar de mí», Raúl ya estaba de pie con iPad en mano, dirigiéndose a su coche, alcanzó a escuchar —al menos eso quiso escuchar— de los labios de Linda «Seguro, aquí estaré a la misma hora».

Tomó su coche y velozmente se dirigió a la escuela, tratando de estructurar la mentira, ¿por qué si se había ponchado la llanta no había llamado para que le avisaran a sus alumnos? la puntualidad para él era un tema sagrado, de eso se quejaba siempre que alguien lo hacía esperar, sin embargo, la excusa salió tan natural que pensó «El celular se me cayó en un charco y no encendió hasta que entró la llamada de la secretaria», ¡qué absurda mentira!, no cabía duda que una vez más se cumplía el adagio de que una mentira lleva a otra y luego a otra, y así sucesivamente. Decidió decir la verdad, hasta él mismo se sorprendió de que se hubiera atrevido a pensar que podía enfrentarlo, y así sería, estaba decidido.

A la mañana siguiente Raúl acudió a la misma hora al Starbucks, mucho más tranquilo, había elegido su mejor ropa, verificó que estuviera perfectamente peinado y perfumado, si bien su intención —al menos consciente— no era conquistarla, según él sólo se limitaría a causarle una mejor impresión, lejana del típico maestro aburrido de impartir clases, que se escapaba unos minutos a tomar un café y leer por cuarta ocasión una aburrida y vieja novela.

Al entrar alcanzó a ver que, en la misma mesa del día anterior, estaba sentada Linda, vestía de azul, tenía el cabello recogido, sus manos eran suaves, se podía apreciar el trabajo de su manicurista, estaba leyendo la revista Forbes, eso le indicaba que, efectivamente, como había imaginado ayer, era empresaria, tal vez una importante ejecutiva de la casa de bolsa, o una de las socias mayoritarias de alguna empresa trasnacional, quizá era la dueña de una cadena de boutiques de ropa exclusiva, en fin, hoy estaba decidido a escucharla y como lo había prometido, no hablaría de sí mismo.

Linda estaba hablando con alguien, desde donde él estaba no podía ver con quién, sólo veía el pausado movimiento de sus manos. Apuró a la señorita de la barra y pidió, contra su costumbre, un café del día «Venti», del tamaño más grande, pensando que ese lo servirían más rápido —y era más barato—, dado su tamaño, alcanzaría para platicar y platicar, aunque debía decir, escuchar y escuchar —si es que quería cumplir con su promesa—.

Rápidamente tomó su vaso y se dirigió a la mesa de Linda, ansioso por verla y ¿por qué no? se atrevería a saludarla de beso y así alcanzar a oler ese fino perfume que el día anterior —por los nervios— no alcanzó disfrutar mientras lo abrazaba. Salió a la terraza, ahí estaba sentada, junto a un hombre perfectamente arreglado, con traje obscuro y camisa blanca impecable, con una corbata multicolor, no alcanzaba a ver sus zapatos pero podía asegurar que eran negros y también estarían impecables. Ese hombre parecía tener las dimensiones de al menos dos veces la de Raúl, lo que lo hacía ver impactante.

Ya no había marcha atrás, Linda volteó a verlo, sonriendo y levantó su mano para saludarlo, él, ahora incómodo por su vestimenta —porque obviamente ya se había comparado con la del galán de Hollywood que la acompañaba—movió su mano como en saludo apache —que lo hizo ver aún más torpe—, se encaminó a la mesa, al acercarse el hombre se levantó —acto que lo puso peor en su papel de conquistador, ya que el hombre parecía medir poco más de 1.90 m—, amablemente le cedió su silla, estrechó fuertemente la mano y se presentó como Iván —Raúl pensó que le había faltado decir su apellido, Iván Drago, pues seguramente él había sido el modelo para la épica pelea de Rocky contra un ruso 20 cm. más alto que Stallone—sus pensamientos provocaron una sonrisa en Raúl y esto lo relajó, Linda amablemente se puso de pie y lo abrazó fuertemente, al tiempo que le decía:

—Iván es mi esposo, me acompañó en lo que llegabas, quería conocerte pues le conté de mi mejor amigo de la universidad y no podía creer que nos hubiéramos encontrado aquí, ayer.

—Mucho gusto Raúl, un placer conocer a viejos amigos de mi esposa, a ver si algún día nos acompañas a la casa a cenar con tu familia, espero que Lucia acepte ir, sé que las cosas no van bien, me comentó anoche Linda, pero nada perdemos con intentar convencerla.

Los ojos de Raúl estaban totalmente abiertos, Linda tenía la plena confianza de platicarle a su «macro-esposo» los detalles de todo y él ni siquiera había pensado el comentarle a su mujer por miedo a que le dijera que ya veía cómo trabajaba. Amablemente Iván tomó la silla de su esposa para que se volviera a sentar y agachándose —cual largo es—, besó a su esposa en la boca y le dijo en tono seguro «Te amo preciosa, disfruten su plática» se alejó y entonces Raúl se sentó. No podía decirle a Linda, pero le temblaban las piernas del miedo a que se diera cuenta que no sólo había sido su mejor amigo, sino que también su novio —y eso quizá molestaría al gigante Iván—.

Linda volvió a tomar a Raúl de la mano —acto que lo volvió a poner nervioso, y más ahora pues no sabría qué hacer si acaso regresara el tremendo Iván y pensara algo que no era—, Linda estaba muy tranquila, entonces él relajó sus dedos para sentir esas suaves manos que ayer había inundado de sudor.

—Pues bien —dijo Raúl—ahora tu tendrás que hablar y yo callar, así que cuéntame de ti, ¿a qué te dedicas ahora? Tengo todo el tiempo, hoy no tengo clases, la clase de ayer la repondré la próxima semana, así que soy todo oídos.

Linda sonrió y nuevamente habló para decirle a Raúl

—Antes de platicar sobre mí, ayer me quedé inquieta porque percibí que no eres feliz, te quejaste y te quejaste de todo, ese no es el Raúl que yo conocí, quiero que me platiques qué es lo que te hace feliz, ahora sólo dime cosas positivas; si en algún momento escucho que dices algo negativo apretaré tu mano para que te des cuenta y corrijas, será como un pequeño ejercicio que nos servirá para escuchar lo bueno de ti. ¿Quieres?

Inmediatamente Raúl se sonrojó, ya era común que frente a Linda su bilirrubina lo traicionara constantemente, al principio balbuceó, pero dijo

—Soy feliz en muchos momentos, aunque a veces siento que no los puedo compartir con nadie, pues —en ese momento Linda apretó la mano fuertemente, al grado que Raúl sintió dolor, pero se dio cuenta que estaba compartiendo una idea negativa, así que cambio la idea— soy feliz en muchos momentos y quisiera compartirlos más, me gusta soñar con cambiar el mundo, mi mundo, el tuyo, el de Lucía, el que tendrán mis hijos y mis nietos, pero nunca —apretón de manos— y sé que podría hacer algo más por ello.

Así, entre apretones y apretones Raúl estaba —sin saberlo— construyendo por primera vez en mucho tiempo su historia de vida en su versión positiva. Trabajaba en una institución de excelencia, su esposa era guapa y atenta, aún con sus defectos dejaba que él lograra sus metas, sus hijos lo admiraban, hacía ejercicio aunque no de manera constante, su amigo Tino sabía escucharlo —aunque después lo regañaba— pero Raúl podía decidir qué tanto le afectaban esos regaños. Básicamente habló lo mismo que el día anterior, pero en un tono más relajado y sobre todo más feliz. Al terminar se dio cuenta que no se sentía igual de frustrado que el día anterior, había hablado todo el tiempo, pero ahora una paz interior lo marcaba de manera diferente, entonces sonrió y dijo

—Lo hice de nuevo Linda, volví a hablar todo el tiempo, te dejé sin decir nada, ¡qué malo soy!

—No, no eres malo, ahora sí fue un placer escucharte —rió—debes vivir tu vida y no la de los demás, cada quien es feliz cuando y como decida, el problema es que pocos saben ser felices con lo que tienen, porque la mayoría del tiempo lo pasamos viendo las cosas negativas que tenemos y pocas veces reconocemos lo positivo, por ello mucha gente renuncia a seguir sus sueños, porque a los demás no les parecen reales, todo parte de ser y convertirte en alguien positivo cada segundo —concluyó Linda— bueno, ya es tarde, mi marido está estacionado esperando a que terminemos de charlar.

Raúl volteó al estacionamiento y efectivamente, a menos de diez metros estaba Iván «el perfecto» en su vehículo deportivo último modelo leyendo un periódico, había esperado pacientemente a que platicaran. Iván percibió la mirada y volteó, alzó su mano y saludó afablemente a Raúl, Linda se levantó, besó en la mejilla a Raúl y le preguntó si podían verse ahí mismo el próximo martes a la misma hora, él asintió con la cabeza y vio cómo se retiraba, desde la acera ella le gritó «No te preocupes Raúl, Iván también sabe que fuimos novios, ¡no te preocupes!», cuando ella se acercó al automóvil, Iván «el perfecto» bajó para abrirle la puerta, Iván vio que tomaron la calle con dirección sur.

Raúl se sintió mejor, esbozó un gesto y depositó su vaso en el cesto de material orgánico, sin darse cuenta que nuevamente se había equivocado.

Poco a poco las pantallas se tornaron azules y apareció el letrero «Bienvenido», así dio inicio el evento, Raúl se sentó y vio al primer expositor que abría y cerraba los brazos como quien abraza a un amigo.

—¡Bienvenidos todos! —dijo— es un placer verlos, tenerlos aquí y abrazarlos, tomen esto como un abrazo de mí para ustedes.

Pidió a todos ponerse nuevamente de pie y abrir los brazos ampliamente, tal y como él lo había hecho y les indicó «Ahora volteen con su vecino y así, con los brazos muy abiertos, aprovéchense de quien está junto a ustedes y denle un fuerte abrazo, díganle ¡Bienvenido!, a la derecha de Raúl estaba una señora menudita de buen vestir que volteó al mismo tiempo con los brazos abiertos y sonriendo emocionada lo abrazó fuertemente, ambos, al unísono se dieron la bienvenida, Raúl reconoció que se sintió confortable hacer esto. Inmediatamente después, el expositor pidió que hicieran lo mismo con la persona que tenían al otro lado, entonces Raúl vio a su lado a una mujer elegante de traje sastre color marrón, con cabello rubio recogido, se puso nervioso. Ella era…

capítulo 4
Inteligencia

«Un hombre inteligente es aquel que sabe ser tan inteligente como para contratar gente más inteligente que él»
John F. Kennedy

...Alicia, eso decía el gafete, su nombre era Alicia, estaba nervioso porque la señora parecía tener 70 años, Raúl no alcanzaba a entender por qué alguien que estaba en su etapa dorada (así se le llama elegantemente a las personas de la tercera edad), asistía a un congreso en el que los asistentes buscan —entre muchas otras cosas— aprender a ver la vida de manera diferente, a fijarse metas y a ser felices. Pero, ¿a los 70 años alguien podía o querría cambiar? Raúl aún no se daba cuenta de lo que estaba por vivir ese día.

En ese abrazo con Alicia, Raúl tuvo otra sensación, abrazar a una señora de tal edad era como si hubiera sido su abuelita, le recordó lo poco cariñoso él era con su madre, nunca la había abrazado de esta manera, con brazos tan abiertos, mucho menos a su abuela, o a sus hijos, ni siquiera a su esposa; y hoy, en tres minutos había abierto los brazos de tal manera que parecía que se saldrían de las articulaciones para abrazar a desconocidos —por fuera, pero con quienes compartía tantos intereses—.

Seguía aprendiendo cosas nuevas cada minuto, sin embargo, experimentó nostalgia y lo único que quería en ese momento era salir corriendo y abrazar a todos sus seres queridos.

Esta situación le recordó el momento en que Linda lo recibió con ese abrazo tan efusivo el primer día, aún después de no haberse visto por tanto tiempo, era obvio que después de ese abrazo pareció que fueron pocas horas sin verse y todo con la magia de un abrazo. En ese momento, por parte de Linda no hubo reclamo alguno por su partida, ni sentimiento de culpa de haberse ido a vivir lejos y olvidarse de él; de hecho, ni siquiera había tenido tiempo de recapacitar en lo que no había sucedido, pues lo importante en ese momento fue lo que sucedió en ese casual encuentro.

—Muchas veces perdemos tanto tiempo lamentándonos de lo que no hacemos que perdemos de vista que en ese momento lo podríamos hacer —había dicho Linda en su tercera cita— Sé que la vida es muy corta y que lamentarnos de todo es tan malo como reclamarlo todo, pasamos tanto tiempo de nuestras vidas viendo lo que no se ha hecho o por qué no se ha hecho que si le robáramos un minuto a ese pensamiento para hacerlo no sería necesario perder más tiempo en ello.

La vida es una cuestión de tiempo y el tiempo es un invento humano. Un invento tomado por la conveniencia de los factores naturales que nos rigen, al tiempo le inventamos nombres: nanosegundos, segundos, minutos, horas, días, meses, años, lustros, décadas, siglos y así sucesivamente; el ser humano destina su mente a ponerle nombre para hacerlo más fácil de recordar, pero en realidad no tiene más importancia un siglo que un segundo, es verdad que a veces le asignamos tal importancia por la cantidad de segundos que hay en un siglo, si eso fuera cierto ¿de qué le sirven los segundos adicionales a los hombres, mujeres y niños que murieron en el preciso segundo que estalló la bomba atómica en

Hiroshima? Ni siquiera el minuto siguiente tuvo trascendencia para ellos. Mientras que para otros —hoy vivos— la diferencia en muchos casos fue un minuto de los muchos que hay en una década. Imagina lo que significa para aquellos que no alcanzaron el metro que los llevaría al trabajo el 11 de septiembre del 2001, esto provocó que no llegaran a sus oficinas en el piso 101 de las Torres Gemelas en Nueva York. ¿Fueron más importantes cinco años de avances tecnológicos para poner un cohete tripulado en la luna o el momento en que Neil Armstrong pisó la luna?

El tiempo no tiene prioridades, cada segundo es un nuevo segundo, somos los seres humanos los que asignamos valor al tiempo, ¿te das cuenta de ello, Raúl?

—Aprendí —prosiguió Linda— que en nuestro andar la vida tiene muchas «Y», sí, y «griega», toda la experiencia que hayamos tenido en nuestra vida será suficiente para saber si el camino que decidimos fue el correcto, y algo más alarmante es que no hay forma de voltear atrás y regresar a probar el otro camino que no tomamos en el momento de la decisión, estoy segura que si lo intentamos y sentimos que volvemos al mismo punto esa ya no será la misma «Y» —aunque se parezca mucho—. La vida es un momento, es ese nanosegundo que suma para hacer microsegundos, que a su vez suma para milisegundos, cuya suma se convierte en segundos y éstos en minutos para que así sucesivamente se forme la historia del hombre, una historia que jamás deberíamos juzgar porque no entenderíamos qué ocurrió en ese preciso segundo en el que un asesino jaló el gatillo sobre una indefensa joven, ni el mismo segundo de la joven asesinada es el mismo que el del gatillero, ella seguro tuvo sus propias «Y» que la condujeron a ese momento —argumentaba de manera segura— nunca sabremos cuál fue la «Y» correcta y cuál no, porque todas son correctas, nunca serán incorrectas ya que son la única información que tenemos, lo que debemos cuestionarnos es si vamos o no en el camino adecuado, entendiendo por adecuado el que nosotros queremos, o si es necesario generar una nueva «Y» que nos encamine a nuestras metas.

—Entonces —interrumpió Raúl— ¿quieres decir que si tomamos una «Y» ahorita, debemos evaluarla al segundo siguiente, y si creemos que es la equivocada volver a recrear una situación semejante para que tomemos el otro camino y así sucesivamente en cada segundo de nuestras vidas? Sería algo muy cansado ¿no crees?

—¡Claro que sí! —dijo Linda emocionada— sería terriblemente cansado, pero recuerda que al principio te decía que el tiempo es un invento del hombre y somos nosotros quienes determinamos cuándo y dónde es conveniente cambiar o evaluar.

Prácticamente los humanos nos hemos programado para vivir en ciclos, uno de los ciclos principales es el día y la noche, ciclos que suceden porque la naturaleza lo marca de esa manera, y que conste que aún así no es infalible ni aplicable a todo el globo terráqueo, pues hay lugares como los polos en que el día y la noche no existen, al menos no como el resto del planeta los consideramos; sin embargo, como inventores del tiempo hemos decidido crear un concepto universal llamado día que dura aproximadamente 24 horas y su ciclo es semejante al tiempo que tarda la Tierra en rotar sobre su propio eje, esto sucede poco más de 365 veces durante el año, eso ya nos da un factor medible y sencillo de entender para la mente humana; quiere decir que al menos hay 365 oportunidades de enfrentarnos a la evaluación de esa «Y» en un año, y de recrearla lo más parecida a la decisión del día anterior, sin tanto riesgo de encontrarnos con un mundo diametralmente distinto.

Podría decirte que si hoy tomas una decisión y te das cuenta que no es la correcta y corriges el camino al día siguiente sería prácticamente semejante en un 98% de las veces, y aún así el 2% restante dependería de la trascendencia de la decisión tomada; por ejemplo, retomemos al asesino que mencioné antes, tomó equivocadamente la decisión de jalar del gatillo y ahora tiene que vivir con una de esas decisiones que es casi imposible recrearlas del mismo modo 24 horas después —al menos con la misma víctima— cosa que esperaríamos que su siguiente «Y» fuera jalar el gatillo sobre su propia sien o entregarse a la policía, sin embargo, esos son casos extremos. Normalmente, como te decía Raúl, las decisiones de 24 horas son recreables casi de manera infalible y en un alto porcentaje, efectivas. Si hoy no lo logré, mañana seguro puedo, y si tampoco puedo mañana tengo otras 24 horas para lograrlo, el problema radica en que nos derrotamos por el mismo factor: el tiempo. Cuanto más nos tardamos, más perdemos.

Otro ejemplo clásico es como cuando iniciamos una dieta en lunes y el martes a primera hora se nos atraviesa una rica concha (o el pan de tu preferencia) con ese cafecito que tanto te gusta y negarte resulta imposible ¡la dieta está rota! —y apenas es martes—, aplicamos la idea que, como ya fallamos la volveremos a empezar, ¡pero el próximo lunes!, ¿y mientras? El miércoles se atravesarán en tu camino unos ricos tacos, el jueves las garnachas, el viernes las cervezas y el sábado el pozole con los amigos, ¡ah! y como la dieta ya está rota, el domingo será día libre, entonces siguen las pizzas porque al día siguiente comienza de nuevo nuestra hipotética dieta.

La verdad es que seguro esa semana, por haber hecho trampa bajaríamos aproximadamente 500 g en lugar de un kilo, por la decisión equivocada de no retomar la «Y» se convirtió en una semana con uno o dos kilos de incremento en nuestro peso —si bien nos va—, aunado a un terrible cargo de conciencia y una pérdida total de la confianza en nosotros mismos.

En esta situación, la recreación de la «Y» es semejante hasta el siguiente lunes, si no fuera porque ahora la báscula reclama dos kilos de más y tuvimos qué recorrer el cinturón.

—¡Wow!, que simple suena —dijo Raúl— nunca había pensado que esta manera de medir nuestra vida acabaría con muchos problemas y frustraciones, igual aplica cuando posponemos una cita con nuestra esposa para cenar, o aún más simple, si nos proponemos que sea el domingo cuando hacemos esas llamadas a nuestros seres queridos y aquél domingo estuvimos ocupados reparando la gotera, normalmente esperamos al siguiente domingo para llamarles, explicando lo ocupados que estuvimos el fin de semana pasado, nunca nos preguntamos si estarán vivos la próxima semana o peor aún, nosotros lo estaremos, ¿por qué no llamar el lunes? y si el lunes no, ¿por qué no el martes? aún hay siete opciones antes de llegar al siguiente domingo. Esto es así de simple.

—¡Bien Raúl!, estás en lo correcto, tomaste ejemplos perfectos, a veces lo simple es el camino para entender lo complejo. Respondiendo a tu pregunta del otro día, es a esto a lo que me dedico —explicó Linda— un transformador vive día a día para darse cuenta en qué mejorar, la vida se compone de muchos pequeños momentos, y déjame decirte algo —enfatizó— esto no es nada nuevo.

Debes recordar muchas populares que versan sobre este tema, como «No dejes para mañana lo que puedas hacer hoy», aunque pienso que sería mejor decir «Si no puedes hoy, hazlo mañana sin falta», así de sencillo. Dios (sea cual fuera tu dios o el ser divino, superior en el que creas, o incluso la madre naturaleza) siempre te da un nuevo amanecer y aunque el tiempo lo «construye» el hombre, el amanecer te da una nueva oportunidad de 24 horas para hacer las cosas, de hecho no sólo hacerlas, sino hacerlas mejor.

Otra frase muy famosa en nuestras vidas es «Las pequeñas cosas hacen las grandes obras», ¡qué cierto! aunque hay que tener cuidado, muchas pequeñas cosas negativas también generan grandes efectos negativos ¡mucho cuidado con ello, Raúl!

El mismo ejemplo de tu dieta rota el lunes y pospuesta a la siguiente semana provoca romperla el martes, miércoles, jueves, viernes, sábado y domingo, entonces, lo más seguro es que el ánimo de iniciarla el lunes con dos kilos de más habrá mermado tu fortaleza y seguridad que si tuvieras dos kilos menos. Parece una ecuación matemática simple: «A mayor cúmulo de elementos positivos el resultado será más positivo y viceversa».

—Me estas sacudiendo Linda —dijo Raíl— yo que me jacto de haber estado en muchos seminarios y eventos, con una biblioteca llena de libros de autoayuda y superación personal, simplemente llegas, lo resumes todo en una simple ecuación matemática, que además ya la sabía pero nunca lo había visto tan claro y tan sencillo... ¡tan simple! Lo que no me queda claro es que usaste la palabra transformador, y tú dices ser eres eso ¿qué significa? Suena muy místico ¿o entendí mal? —la inocencia de Raúl provocó una franca carcajada en Linda.

—¡Para nada! escuchaste perfectamente, tuve una vida muy complicada antes de encontrar esta manera de pensar y vivir, me enfrenté a problemas como los que tú y mucha gente experimenta actualmente. Hace casi cinco años me divorcié, duré un escaso año de casada con alguien que me había prometido en el altar que nuestra unión sería hasta la muerte, fracasé en desarrollar una familia, fracasé en el plan de vida más serio e importante que hasta ese momento había hecho; defraudé a mis padres, a mis hermanos, a mis amigos y a todos los que me habían acompañado el día de mi boda, me vieron cuando subía al coche adornado y partimos en un crucero al Caribe de luna de miel.

En ese momento no lo imaginaba, pero la única verdaderamente defraudada era yo misma, estaba tan preocupada por la sociedad y lo que dirían que me llegué a sentir la peor persona de este mundo. Ni siquiera cumplimos un año, ¿sabes lo que eso significa en la vida de una mujer soñadora?, llegué a imaginar a mis hijos y yo en el súper, en el colegio, hasta tenía en mi mente cómo sería la primer piñata de cumpleaños de mi primer hijo.

Enfrentarme a un fracaso de esa manera me dejó emocionalmente agotada, mi depresión llegó a tal grado que renuncié a mi trabajo como Gerente de Mercadotecnia en Leo Burnett (una de las más reconocidas agencias de publicidad), me encerré en mi casa durante mucho tiempo, engordé (subí doce kilos de tanto comer y comer, dejé el gym)... En fin, como se dice en el argot depresivo «toqué fondo». Los resultados de mi vida eran exactamente lo que la ecuación dice: el cúmulo de cosas negativas dio un resultado que fue más negativo. Te confieso que en ese momento no me di cuenta de ello, la depresión duró más que mi matrimonio —comentó Linda esbozando una sonrisa— o sea, más de dos años. ¡Qué increíble!, ¿puedes creer que algo que duró casi un año produjo un resultado negativo que duró más del doble de tiempo?

—Pero siempre dentro de la crisis, en el peor y más tenebroso momento aparece la solución —continuó Linda—, y es lógico, pues precisamente por esa obscuridad tan densa la luz de salida hace que algo aun con poco brillo se distinga con mayor facilidad.

Y fue allí, en ese momento cuando en un segundo de lucidez me dije: «Linda, parece increíble que no te des cuenta que en estos dos años todo lo que habías construido en tu vida se esté cayendo. Creo que es momento de darle vuelta a la página y dejar que tu mente fluya hacia cosas buenas». ¡Ya estaba harta de cosas negativas!, de levantarme cada día sin ganas de nada y terminar el día obviamente sin nada. Si no siembro nada no cosecharé nada. Si me levanto enojada y no hago nada acabaré el día enojada por no haber hecho nada, y lo que es peor, aún más enojada conmigo misma. Ese día, el 28 de septiembre, precisamente el día de mi cumpleaños decidí dar vuelta a esa página, enfrentaría el reto de crear en mi algo nuevo cada día.

Al principio fue muy sencillo, había dejado de hacer tanto que lo que iniciara sería algo nuevo, el primer día hice 50 abdominales ¡y no sabes qué trabajo me costó!, habían pasado dos años sin recordarle a mi cuerpo lo que era el ejercicio, que creo que me tomó dos horas hacer las 50 abdominales, acabé cansada, sudando, agotada pero mágicamente apareció algo que no esperaba, tumbada en el suelo, con los oblicuos doloridos de alzar el pesado cuerpo con doce kilos adicionales encima, me di cuenta que en la parte superior de mis hombros, ahí justamente arriba del cuello y abajo de las fosas nasales había aparecido, como por arte de magia ¡una sonrisa ! Enlisté las cosas nuevas de ese día y anoté:

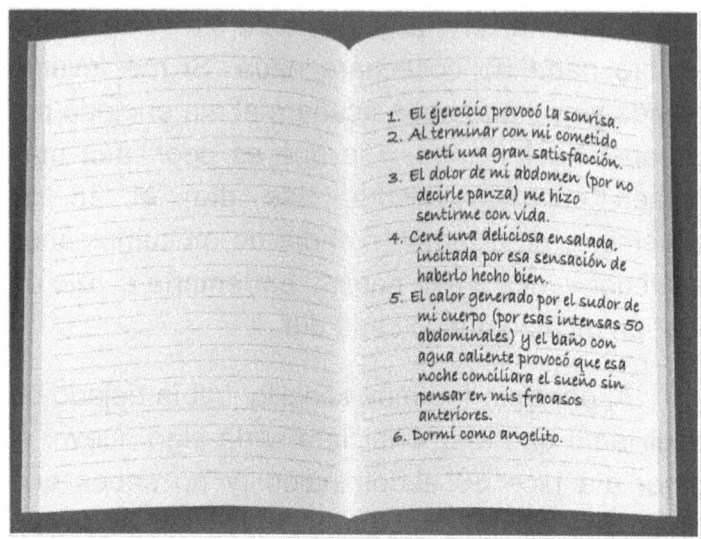

La lista se hizo muy larga —continuó Linda— y al final, antes de cerrar mi cuaderno con la lista me di cuenta que lo único que había hecho diferente ese día, era que lo había vivido.

No me importó que mi figura seguía con esos 12 kilos, que mi pelo sin tinte aún parecía de bruja de cuento de hadas, mi look de pants se conservaba intacto, seguía divorciada y sin trabajo; sin embargo, la diferencia trascendental de ese día fue que al acostarme ¡SEGUÍA SONRIENDO! Obviamente al día siguiente el dolor abdominal no me permitió hacer las 50 abdominales, logré hacer sólo 15 ¡vaya fracaso! 30% menos que mi logro del día anterior, pero no dejé que eso me atormentara, ese día fui a Superama, decidí teñirme el cabello con un nuevo color, uno que nunca me había atrevido a usar, un tono rojizo que según me dijo la dependienta estaba de moda. Si el dolor del ejercicio me limitaba, atacaría por otro frente a mi cuerpo para hacerlo parecer a lo que un día fue... ¡Y así lo hice!

Mi tarde fue estupenda, puse música mientras me lo pintaba y cuando me di cuenta estaba cantando a toda voz las canciones más animadas del mundo, ¡otro día de éxito! que comenzó con una cosa positiva y aunque faltaron 35 abdominales volví a llegar a mi cama con una sonrisa en el rostro. ¡Wow! dos días seguidos durmiendo toda la noche (antes era insomne) y sonriendo tras casi 750 días sin «luz».

Algo estaba pasando en mí, pero ¿qué era? Al tercer día parecía que mi vida era otra, me levanté contenta, logré hacer 30 abdominales en la mañana y 20 más en la tarde, salí a la calle con mi nuevo look de pelirroja castaña y como si el mundo lo supiera, al abordar el camión para ir al librería a buscar algún buen libro qué leer, noté que más de dos caballeros volteaban a verme y el tercero se levantó de su asiento para cedérmelo, algo pasaba, la vida que conspiró contra mí durante dos años ahora estaba haciendo sinergia a mi favor ¡me estaba experimentar eso! Cuando llegué a la librería pasé directo a la sección de superación y autoayuda para buscar algún autor que me pudiera explicar esto que en tres días estaba ocurriendo en mi vida, pensé que seguramente alguien ya había investigado por qué en tan corto tiempo la vida me había dado un giro de 180 grados.

Parecía insólito y mágico. Encontré sin fin de autores que escriben de cambios notorios y satisfactorios en 21 días (lo llamaban hábitos), otros más que te decían cómo superar obstáculos, miedos, depresiones, entre otras cosas en tiempos de tres meses, ¡hasta de un año! Otros (peor aún) mencionaban que había que escribir los cambios sobre un papelito y pegarlo en el refri y algún día, en algún momento sucederían.

Leí sobre Programación Neurolingüística (PNL), Gestalt, Shock, contraanálisis, sobre «El Secreto», incluso sobre rutinas de ejercicio y hasta cómo correr un ultramaratón en seis meses. Nada me parecía que describiera lo que me había sucedido.

Ese primer día ya estaba sonriendo y hoy, en el tercero, me sentía mejor incluso a pesar de mi sobrepeso y de cargar con el fracaso de mi matrimonio, nada de eso fue suficiente para derrotarme, ¿por qué nadie había escrito sobe ello?

Acabé comprando un libro sobre un profesor

que padecía una enfermedad terminal a quien visitaba un exalumno, se llama Friday with Morris, resultó ser un excelente libro que no tenía nada que ver con mi caso, sin embargo, complementó mi tercer día de renovación.

Ahora con la lectura mi mente también necesitaba estímulo y lo conseguí, esa noche no sonreí, lloré «a moco tendido» pues el libro había sacado a flote mis sentimientos, dormí ocho horas como bebé. Los siguientes días confirmaron que algo estaba cambiando en mí, sustancialmente importante que hacía que las cosas funcionaran cada vez mejor, incluso un día tomé la decisión que ese día se lo regalaría a la comunidad y me fui a visitar a una casa hogar, ayudé todo el día a cambiar pañales, preparar comida y contar cuentos a pequeños huérfanos que agradecían con su carita sonriente la visita inesperada, a partir de entonces los visito al menos una vez al mes.

El ejercicio se hizo parte de mi vida, a las 50 abdominales agregué 50 lagartijas, 30 sentadillas y dos kilómetros de caminata, que además de llenar mis pulmones (y mi vida) de aire puro me servían para reflexionar. Mientras caminaba, no dejaba de visitar librerías, puestos de revistas y cafés que estaban en mi camino, buscaba conocer el motivo de mi cambio. No sabía qué estaba haciendo pero algo estaba ocurriendo. Lo mejor de todo es que me daba cuenta que si un día no caminaba mis dos kilómetros al otro amanecía con ganas de cuatro, si ese día no leía un buen libro, al otro día aparecía una amiga y me regalaba el mejor libro que había leído hasta entonces, comía sano regularmente pero nunca me negué a unos ricos tacos, lo mejor de todo es que llegaba a la cama con una sonrisa, sabiendo que a la mañana siguiente algo positivo sucedería en mi vida.

Incluso llegué a pasar un fin de semana asoleándome en la alberca con un rico vinito tinto, mi libro y casi medio kilo de queso, parecía que mi cuerpo asimilaba la energía positiva de mi nueva vida, pues bajaba de talla y peso, entonces amé el reflejo de mi propio yo en el espejo, que tantas veces había sido mi peor enemigo, cuando reflejaba a la horrible persona que no quería ser.

No habían pasado más de dos semanas (dicen que los hábitos tardan 21 días en establecerse, pero yo ya estaba habituada a mi nueva rutina) desde ese 28 de septiembre, yo ya tenía seis kilos menos, estaba buscando trabajo, pues ya mis ahorros estaban muy mermados por mi excesiva vacación, durante una de mis lecturas matutinas, un anuncio en la página de sociales llamo mi atención:

Eso se parecía mucho más a lo que me había pasado en los 15 días anteriores. Un día me levanté y ya no era la misma

—Sonaba perfecto —prosiguió Linda—, pues entre la casualidad de ese anuncio que nunca antes había visto publicado, la sensación que me provocó y esa «vibra» que se siente cuando algo parece estar en el lugar y momento adecuado, en mi intensa búsqueda de conocer qué había ocurrido en mí y con el tiempo suficiente para asistir, en ese mismo momento tomé el teléfono y marqué, no había nada que perder y mucho que ganar, reservé mi lugar, acudí al banco, hice el depósito correspondiente a mi participación (debo decirte que ahí invertí lo que restaba de mi ya mermado presupuesto), ¡qué mejor manera de invertir!, a como diera lugar estaría ahí el 17 de octubre, en primera fila. Alguien tendría que explicarme qué sucedió y estaba segura que ahí obtendría la respuesta.

capítulo 5

Hacer lo que Haces

«Para hacer una tarta de manzana, primero tienes que crear un Universo.»
Carl Sagan

Sí, lo cierto es que alguien tendría que explicarle a Linda qué había sucedido, Raúl siguió recordando su encuentro con Linda y cómo mientras ella hablaba, él la veía y la analizaba, notaba cómo brillaban sus ojos cuando narraba su cambio, su transformación y de todo lo positivo que le había sucedido; no despegaba ni un segundo su atención y no le perdía detalle, sin embargo, la respuesta a la pregunta que interesaba a Raúl —y que Linda no respondía directamente— parecía estar en algún lado de esa historia.

—Continúa, por favor, no te detengas —

le pidió Raúl mientras hacía una pausa y tomaba un sorbo de café.

—No desesperes Raúl —respondió Linda— creo que la vida tiene sus momentos y sus pausas por algo, ¿te imaginas cómo sonaría la Sinfonía No. 5 si Beethoven no hubiera puesto las pausas necesarias al escribirla? hasta un partido de futbol tiene pausas en la que los jugadores se reorganizan (sé perfectamente cuánto amas ese deporte), un libro tiene capítulos que dosifican la historia, la circulación en una calle es manejada a través de semáforos y hasta un avión, al volar reduce la velocidad de sus motores para dejarlo planear un poco y llegar con mejor fin a destino.

Los seres humanos vivimos los días tratando de encontrar una solución a todo, pretendemos que somos perfectos y no nos permitimos esas pausas, incluso pretendemos que nuestra maquinaria funcione al 100 por ciento en todo momento, cuando nos damos cuenta que no podemos nos frustramos y abandonamos ¿te suena familiar algo así Raúl?

—He aprendido —continuó Linda— que si bien existen muchísimas áreas o dimensiones de la vida que son importantes, controlar sólo unas cuantas áreas nos da un mejor resultado, es más, no debí de decir controlarlas, sino monitorearlas, te explico: para monitorear mi vida la dividí en siete grandes dimensiones que me rigen, tal vez tú puedas organizar la tuya en más dimensiones, de preferencia deben ser números nones, las 5, 7, 9 ó 12 áreas en las que decidas dividir tu vida deben ser medibles en una escala que tú mismo establezcas, en pocas palabras, divides tu vida en las dimensiones que quieras y las mides como quieras; el chiste es que esa medida sea siempre honesta de tu parte, ni siquiera tiene que ser siempre igual.

No es un termómetro que marque grados y esos grados sean igual para todos, es una escala que tú mismo diseñas y que además, lo mejor es que tiende a ser infinita. Por lo que tu crecimiento personal puede, también, no tener límites.

—Espera, espera —interrumpió Raúl— me estoy perdiendo, estás diciendo que debo medir mi vida en una escala infinita, en la cantidad de dimensiones que yo quiera con la escala a que yo quiera.

—No —contestó ella— la cantidad de dimensiones serán las que tú quieras pero siempre deberán ser en número non, esto es porque algo que he estudiado (y según la ley de la naturaleza) los números poseen una cualidad yin o yang, es decir, los números impares (1, 3, 5, 7, 9) son números yang y los números pares (2, 4, 6, 8) son números yin. Puesto que la cualidad yang se asocia con el crecimiento y la prosperidad, los números yang son generalmente más favorecidos; por otro lado la medición —alzó la voz— ¡si no me hubieras interrumpido te lo habría dicho! se realiza cada 24 horas, a esto le llamo un ciclo, o más fácil y para no olvidarlo, es a lo que tradicionalmente conocemos como un día.

Así que la medición ideal debe ser diaria y no, no importa que no se haga todos los días —añadió cuando vio cómo Raúl «pelaba» los ojos al saber que cualquier trabajo diario se volvía rutina y eso no le gustaba— lo harás, estoy segura, pero hoy no te preocupes, cuando conozcas la importancia de un ritual sin quererlo lo habrás adoptado como parte de tu vida y serás feliz con ello.

—Mira —replicó él— Maslow diseñó la pirámide de necesidades, comenzaba desde lo básico, es decir, desde las funciones de supervivencia o fisiológicas hasta llegar a la de estatus o autorrealización (pasando por sus cinco niveles, ojo, es un número non, y no por coincidencia, estoy seguro), según él es ir de la supervivencia hasta el crecimiento o viceversa.

Mientras él hablaba, Linda dibujaba en

una servilleta la pirámide de Maslow.

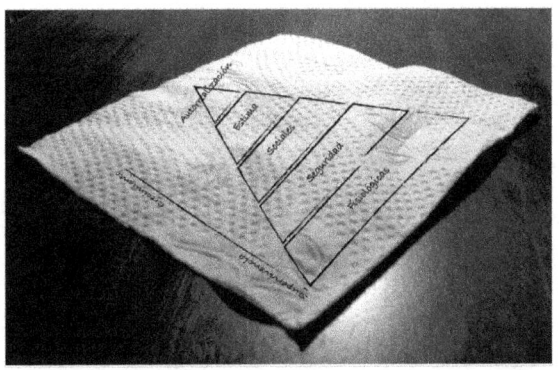

—Hay otros autores que, basados en Maslow hablan de cambio y transformación —continuó Raúl—, uno de ellos es Anthony Robbins, quién ha sido reconocido durante los últimos 30 años como el **formador motivacional número uno en el mundo** y que se encuentra entre los más destacados **expertos en el campo de la psicología, de la mejora personal y profesional, del liderazgo y de la negociación**, ha estudiado durante más de veinte años la conducta humana, ha observado que los valores de las personas pueden ser diferentes y poseer creencias, deseos y estrategias también muy variados. Sin embargo, las necesidades humanas fundamentales son las mismas para todo el mundo, independientemente de cultura, credo, edad o, sexo.

Él creó la teoría de las seis necesidades

humanas, la cual es también una evolución de la teoría de las necesidades de Maslow, una evolución simple pero al mismo tiempo muy efectiva que nos sirve también para comprender las acciones del ser humano encaminadas a satisfacer dichas necesidades ya que cada uno de nosotros tiene una manera personal de satisfacerlas, puede ser de manera constructiva, destructiva o neutra.

El secreto de una vida plena es satisfacer nuestras necesidades a través de medios productivos en lugar de los destructivos, recordando que siempre tenemos el poder de elegir el medio que queremos usar, muchos representan esta imagen en forma de estrella o de diagrama de flujo, el paso de uno a otro en estas etapas siempre lleva un proceso, y en casi todos ellos para pasar de uno a otro hay que seguir pasos.

Maslow plantea que para lograr la realización desde mis necesidades fisiológicas hasta las sociales es importante haber tenido satisfechas las necesidades de seguridad, luego las sociales, las de autoestima y finalmente llegas —después de un largo proceso— a la autorrealización, al menos así lo explica en su modelo.

—Yo aprendí esto diferente —dijo Linda —y de igual manera existe una forma de representarla mucho más sencilla, y conste que no quiero decir que Maslow está mal o que mi teoría es mejor, a cada quien le resulta de distinto modo; sin embargo, sí te puedo decir —y no me dejarás mentir— que el ser humano promedio espera resultados más inmediatos y tangibles que escalar una pirámide paso a paso.

¡Pero no hagas esa cara Raúl! —lo dijo por los ojos tan abiertos que él mostraba mientras le «rompía» su paradigma de toda la vida— yo misma sé que podría sonarte como esos infomerciales de tele, pero evolucionemos, la vida en la época que Maslow creó su famosa pirámide es totalmente distinta a la de hoy, desarrolló su teoría de las necesidades alrededor de los años cincuenta o sesenta, cuando no existían computadoras personales, ni Internet, redes sociales, ¡nada de lo que hoy tenemos! La televisión a color era un sueño para muchos y viajar en avión era sólo para una clase social.

Al igual que para cualquier ser humano, la vida familiar y experiencias de Maslow influyeron en sus ideas, fue tras la Segunda Guerra Mundial cuando comenzó a cuestionarse la forma en la que los psicólogos llegaban a sus conclusiones y, aunque no estaba totalmente en desacuerdo, tenía sus propias ideas sobre cómo entender la mente humana, pero te repito, era 1960 ¡otro mundo, otras ideas, otros proyectos que hoy difícilmente se podrían aplicar a nuestra acelerada época! Sin embargo, concuerdo con muchas ideas de él, pues decía que los psicólogos humanistas postulan que todas las personas tienen un intenso deseo de realizar completamente su potencial para alcanzar un nivel de autorrealización, y para probar que los seres humanos no solamente reaccionan ciegamente a las situaciones, sino que tratan de realizar una tarea mayor.

Maslow estudió la mentalidad de individuos saludables en lugar de quienes tenían serios problemas psicológicos, esto le proporcionó información para establecer su teoría, que sostiene que la gente vive experiencias cumbre, momentos sublimes en la vida en los que el individuo está en armonía consigo mismo y con su entorno.

Desde la perspectiva de Maslow, las personas que llegan al punto de la autorrealización pueden vivir muchas experiencias cumbre durante el día, mientras que otras tienen esas experiencias con menor frecuencia.

—Desde mi punto de vista —continuó Linda con su cátedra— esas que él llama experiencias cumbre son aquellas que generan el cambio en el ser humano y, si bien a algunos les suceden muchas veces durante el día, a otros con menos frecuencia, la única manera de saberlo es midiéndolo y la frecuencia es cada día, así, sin darnos cuenta iremos descubriendo esas experiencias cumbre (como a me sucedió). ¿Te suena parecido a las «Y», Raúl? aprendí de un modelo que funciona actualmente, además de que es práctico e infinito, pero profundizaremos otro día con más calma, porque quiero compartirte cómo la estructura musical (como el efecto Mozart) resuelve esto de una manera más sencilla, le llaman «El pentagrama de la felicidad».

—Prométeme —interrumpió aceleradamente Raúl, quien había encontrado la excusa de tener una nueva cita— que me lo explicarás la próxima vez que nos veamos ¿sí?, porque espero que ahora que nos reencontramos podamos charlar con frecuencia, ¡no platicamos desde la universidad!

—¡Prometido, prometido! —dijo Linda levantando su mano, haciendo la seña de los scouts del símbolo de la flor de Liz, puso esa media sonrisa que volvía loco a Raúl desde su época de estudiantes y concluyó— ¡así será! Quiero aclararte que siempre he creído que en nuestras vidas nada debe ser impuesto, el libre albedrío es importante para que las cosas y los verdaderos cambios sucedan, por lo que no es necesario que estés de acuerdo con lo que te voy a platicar, aunque estoy segura que algunas de las dimensiones que te compartiré son parte invariable de tu vida, como de la de todos los individuos; sin embargo, quizá a tu juicio omití una o tal vez pensarás que alguna no aplica para ti, lo mejor de todo es que debe ser como tú decidas llevarlas a cabo. Esa es otra de las maravillas que aprendí en este cambio que experimenté, si algo no te gusta no te detengas, ajústalo, acomódalo o desaparécelo, pero sigue adelante.

Aquí ni siquiera el orden es importante, contrario a la famosa pirámide, tu vida es única e irrepetible y el único usuario de tu vida debes ser sólo tú. Entenderás mejor con lo que te explicaré, mira, «acomodar» tu vida en aspectos globales te ayuda a no perderte en los detalles, a ubicar cuáles son las dimensiones generales que controlan tu ser y quehacer e impulsados para un PROPÓSITO Y SIGNIFICADO.

De manera sencilla, este propósito es como tener una idea de para qué estás aquí en esta vida, en este momento. El propósito también puede ser cambiar en algunos momentos de nuestras vidas, los factores externos muchas veces nos marcan un rumbo y a veces nos conviene, porque así lo decidimos. En otras ocasiones verás que el propósito que te marques en esos momentos es tan universal que podrás pasar mucho tiempo trabajando para él; sin embargo, los propósitos para nosotros se distinguen porque aunque no siempre se logren los cambios, sólo buscarlos y tenerlos claro hacen que tu vida sea plena y tiendas a sentir satisfacción. Warren Bennis es un motivador que trabajó durante muchos años formando líderes, decía que las personas necesitan un propósito que tenga significado, esa es nuestra razón de vivir.

Con un propósito compartido somos capaces de conseguir cualquier cosa. Así que, mi estimado Raúl, en resumen, el PROPÓSITO Y SIGNIFICADO es saber el por qué haces lo que haces y para qué lo haces, justo de ahí partes para hacer tu medición.

Raúl la miraba asombrado, definitivamente era otra mujer, no era la Linda con la que compartió tantos años en la universidad, y aunque entonces le gustaba (y mucho), ahora simplemente era otra mujer, madura, encantadora, segura de sí misma, no dejaba de admirarla.

—Retomando estas dimensiones globales de los que te estaba hablando —continuó Linda sin percatarse del estado de asombro en el que se encontraba Raúl—, ordena esos grandes bloques en los que dividas tu vida, te recuerdo que esto es bajo tu criterio, de manera que se puedan monitorear de forma sencilla, por ejemplo, si hablamos el bajar de peso, si eso es importante para ti, puedes hacerlo de muchas formas: con dieta, ejercicio, cambio de hábitos, en fin hay muchas soluciones; sin embargo, desde mi perspectiva, este asunto tiene que ver con un aspecto más grande que sólo el peso, sería como ubicarlo en una dimensión física, en la que se reúnen los aspectos de cómo se lleva la dieta, si se practicó o no ejercicio, o se tomó un día de relajación, cómo te sientes con tu fortaleza mental, emocional, y aún así podrías considerar aquí mismo tu estado de ánimo, que obviamente afecta tu actividad física, y más si eres mujer, pues algunas experimentamos cambios hormonales que a veces son incomprensibles para ustedes.

Todo lo que involucre tu estado físico conformará esa primera dimensión, algunos días te sentirás hasta el tope de bien y ese día tendrías cubierto el aspecto físico, pero si una semana después te sientes de la patada por una gripa y tu aspecto físico cae hasta el suelo, debes tener en cuenta que esa gripa no será permanente, así que en un par de días podrás regresar a tu estado físico ideal, esa variación es día con día, esto ayuda a que no te sientas derrotado porque en el monitoreo de otros aspectos que hayas marcado en tu vida seguramente encontrarás algunos que te servirán de salvavidas.

Aun así, si en todas tus dimensiones, por

una mala jugada de la vida encontraras que estás muy por debajo de tu rendimiento, sólo darte cuenta que tu potencial es mucho más alto, así como que tu propósito y significado están bien planteados, en cuestión de 24 horas verás cómo esas áreas se van transformando. NO necesitamos tener satisfecho un aspecto para luego cubrir otro, son independientes entre ellos y dependientes sólo de ti mismo.

Te quiero compartir mis dimensiones, si te parecen adecuadas las puedes tomar como referencia para establecer las tuyas, incluso si las encuentras apropiadas para tu vida ¡úsalas ya!, es un regalo que te doy con muchísimo cariño por haber estado tan atento a esta plática, pues creo que no te he dejado ni hablar el día de hoy —dijo Linda.

—No mujer, ¡dímelos por favor y no digas eso! —replicó Raúl— creo que no he cerrado la boca por todo lo aprendido hoy, espero que no llegue mañana una factura a mi casa por concepto de tus honorarios, por este coaching tan acertado. Y no te he querido interrumpir porque ya casi son las dos y sé que tendrás que salir corriendo por tu hija al colegio en pocos minutos, así que cuéntame cuáles son esas dimensiones que marcan tu vida.

—Tienes razón Raúl, no había caído en cuenta de la hora, no cabe duda que cuando haces lo que te gusta el tiempo pasa volando —le contestó a Raúl, quien suspiró profundamente y asintió— ¿sería muy mala si te dejo con la duda? igual y antes de decirte los míos tú quieras pensar en los tuyos.

—No Linda, de ningún modo, no permitiré que me dejes con esa duda, no podría dormir con la curiosidad, ¡parece que me quieres volver loco!, primero me atraes con un tema y luego sólo me das una probadita.

—Bueno Raúl, es parecido a lo que decía mi padre que debía hacer con mis cosas, él lo llamaba la «Técnica del Bikini», porque había que mostrar lo justo y esconder lo necesario, créeme que funciona porque la responsabilidad y el interés deben ir de la mano para que funcionen muchas cosas —volvió a reír Linda— pero esta vez te voy a consentir y mi tarea ahora será dejarte a tu libre albedrío que definas para ti mismo cuáles son tus aspectos y los establezcas para este momento de tu vida, he descubierto que estos aspectos me funcionan 90% de mis días, y el otro 10% ni me los preguntes porque quizá ni yo misma lo sé, así que tómalos como mi 100% y ojalá te sirvan, toma nota:

1. Mi dimensión FÍSICA. Incluyo todo lo que mencioné en el ejemplo: mi alimentación, ejercicio, los dolores esporádicos de cabeza, mis momentos

de energía, mi estado de ánimo y todo lo que hace que al final yo pueda decidir de manera sencilla si mi aspecto físico ese día es de 10 o de 9, quizá sea de 4, incluso hay días como cuando un señor chocó mi auto estando estacionada, ese día lo califiqué con un cero absoluto. Me dolió la cabeza del «latigazo», súmale el estrés y enojo, así como pensar en las consecuencias, los días que estaría en el taller, ya sabes, incluso padecí agruras por el berrinche, en fin, un cero absoluto.

—Todo se vale, Raúl —prosiguió Linda— recuerda que tú diseñas la escala, he escuchado quien asigna valores como: bueno, medio bueno, regular, medio malo, malo y pésimo; tú defines pero sé honesto con la calificación, a fin de cuentas es tu vida —sonrió Linda y continuó enlistando sus dimensiones—

2. Mi dimensión de DESARROLLO PERSONAL. Basado en mi propósito y significado ubico todo aquello que hago en el día que alimenta el desarrollo de mi persona, a veces —y dependiendo de mi propio propósito— dar unos pesos al viejecito que amablemente acomoda mi compra en el supermercado hace que ese día me sienta estupenda y mi calificación sea superior. Cuando mi desarrollo personal lo tengo olvidado u ocupo demasiadas horas de mi día en alguna actividad distinta, sea trabajo, socializar o incluso

divertirme, entonces pierdo a tiempo de mi objetivo personal, es cuando mi gráfica baja para darme cuenta que al siguiente día debo retomar mi propio camino y no perder de vista nunca el propósito y significado que he decidido para mi vida.

3. La dimensión de mi SITUACIÓN FINANCIERA y PROFESIONAL. Es donde expongo y valoro qué está pasando con mi trabajo y cómo andan mis finanzas. Cuando lo analizas de este modo, te darás cuenta no necesariamente el trabajo produce dinero, hay veces que tengo muchísimo trabajo pero no tengo ni para un café del OXXO (como dicen los estudiantes), muchas otras veces es al revés, tengo dinero pero me levanto sin mucho qué hacer o ganas de nada.

La mezcla entre trabajo y dinero no necesariamente está vinculada, pero de algo estoy más que segura, cuando hago lo que me gusta es cuando mejor me va económicamente, y eso no es casualidad. Por ello decidí unirlos, porque una actividad profesional desarrollada en armonía me lleva un resultado financieramente exitoso. Así que cuando ando con problemitas en mi ámbito profesional mi balanza normalmente se baja en ambos sentidos y viceversa.

4. La INTELIGENCIA EMOCIONAL es una dimensión muy interesante, aquí tengo la

oportunidad de entender mis emociones y las de otros. Esto significa no sólo identificar qué emoción experimento en cada momento: rabia, amor, tristeza, miedo, alegría, sino además, conocer su intensidad y su causa, porque has de saber que las emociones no son caprichosas, siempre tienen una razón. Cuando soy capaz de entender mis propias emociones entonces aprendo a manejarlas de tal forma que tengan efectos positivos en mí, incluso cuando son emociones negativas, esto es benéfico para mí y para quienes me rodean.

Aunque se parece un poco a la dimensión de Desarrollo Personal, la gran diferencia es que de mí depende qué hago con ellas cuando se manifiestan. La grafico generalmente por el éxito en el manejo que tengo de ellas, nunca las considero como positivas o negativas, incluso una de mis tareas en 24 horas es transitar de una emoción negativa a una positiva.

5. MI FAMILIA Y LAS RELACIONES SOCIALES. Es una de las dimensiones más importantes para mí, ya que no podría vivir sin mi familia y amigos, me dolería muchísimo no tenerlos, y por ello le doy un peso muy grande a esta dimensión. Empatía con mis amigos, entendimiento con mis padres y hermanos, cada día quiero saber algo de ellos y hoy es muy fácil con las redes sociales, los mensajes de texto, de voz y de video

(sobre todo Whatsapp, que ya se ha vuelto mi modo de vida) —sonrió— no es necesario verlos todos los días, pero sí he escrito en mi libreta de metas ver a alguno de mis seres queridos de manera personal al menos dos veces por semana.

6. ESPIRITUALIDAD. Es un tema muy delicado, hay que definir claramente esta dimensión porque puede llegar a confundirse fácilmente, y créeme Raúl, que si hay temas conflictivos son la política y la religión, por ello decidí nombrar a esta dimensión como mi espiritualidad. Es aquí donde ubico mis creencias, los sucesos metafísicos y los que no logro entender por qué suceden.

Es donde mi ser superior, a quien llamo Dios, me ayuda a ubicar cosas que de otro modo no entendería. Si bien no todos ejercemos la espiritualidad con el mismo nombre, sí creo que para que las cosas sucedan no dependemos de las casualidades, sino de las causalidades, las cuales son por mucho creadas por nosotros mismos, muchas veces a través de actos inconscientes pero significativamente son muchas más las veces que las cosas suceden por la fe con la que hacemos las cosas. La meditación es un tema muy relacionado a esta área, he de confesarte que aquí también descanso, y es a mi parecer muy cómodo, cuando logro cosas increíbles o fallo en cosas sencillas me refugio en mi nivel espiritual, me da paz y tranquilidad en esos momentos.

Por último, una dimensión que cada día tiene un mayor peso específico cuando hablamos del mundo y de qué clase de mundo queremos tener. Asistí a una conferencia que me invitaron los chavos de Greenpeace, mencionaron que hoy la humanidad necesita el equivalente a 1.5 planetas para proporcionar los recursos que utilizamos y absorber los desechos. Esto significa que a la Tierra le toma un año y seis meses regenerar lo que se usa en un año.

Me impresioné, ¿cómo es posible que yo no haga nada más que reciclar un poco de lo que puedo y quiero?, acciones como cerrar llaves de agua y apagar las luces ya no son suficientes. No debo olvidar que comparto este mundo con ¡siete mil millones de personas, una gran cantidad de fauna y cualquier número de plantas que también necesitan de un ambiente sano para sobrevivir! Por ello decidí incluir una séptima dimensión LA HUELLA ECOLÓGICA. Aquí grafico cada día si hice algo o no para contribuir con el planeta, debo decirte que cada vez soy más estricta en ello.

—Recuerda, Raúl —Linda seguía hablando, parecía no cansarse con el tema, al contrario, estaba muy emocionada a pesar de la hora que era— que tú definirás el orden de tus dimensiones, ningún aspecto está sobre otro, ninguno es más importante, todos te llevan a encontrar y alcanzar tu PROPÓSITO Y SIGNIFICADO DE VIDA. Piensa ¿cómo podría haber alguno que no fuera importante? Es más, es tan variable la vida que igual y un día descubres que te sientes superior en seis de ellos y uno, el que menos esperas, está tan bajo que hace que te sientas incompleto y eso que de manera porcentual superas el 80%, en la escuela estarías más que aprobado y en muchas hasta exento.

Pero aquí no, aquí nunca estarás al tope, si hoy siete de los siete están arriba es hora de subir tu PROPÓSITO Y SIGNIFICADO, es hora de crecer. De igual manera, si todos están muy bajos, no quiere decir que hayas fallado, es hora de retomar, analizar tu PROPÓSITO Y SIGNIFICADO para ver si es el correcto... Y si lo es, pues a poner manos a la obra para alcanzarlo en 24 horas. No hay pierde, siempre esta acción genera una reacción y compromiso nuevo cada 24 horas.

Raúl volvió de la nube de recuerdos cuando subió al estrado un joven de treinta y tantos años, su aspecto había llamado la atención de Raúl, pues más que un conferencista parecía uno de esos locos investigadores que queman sus pestañas todo el día estudiando cada libro de la biblioteca, tenía unos grandes lentes, usaba jeans, camisa negra y un saco; por su aspecto, Raúl pensó que aplicaba la filosofía de Einstein, de quien se dice que evitaba perder el tiempo y gastar sus neuronas eligiendo la combinación de su ropa, así que su guardarropas era todo igual.

También lo relacionó con lo que había leído en el libro de Walter Isaacson, «Steve Jobs, la biografía» en el que se describe la presentación del iPod el 23 de octubre de 2001, las invitaciones fueron muy creativas, decían «Una pista: no es una Mac» y cuando llegó la hora de mostrar el producto, después de describir sus capacidades técnicas, Jobs no realizó su truco habitual de acercarse a una mesa y retirar una tela de terciopelo, en lugar de eso dijo «Resulta que tengo uno justo aquí, en mi bolsillo», metió su mano a los vaqueros y sacó el aparato blanco brillante, siguiendo con su discurso «Este increíble y pequeño dispositivo contiene mil canciones, y cabe en un bolsillo».

Volvió a guardarlo y salió del escenario en medio de aplausos. Raúl se imaginó a sí mismo como alguno de esos empleados de Apple que presenciaron ese momento sólo pensar que pudo haber escuchado esas palabras en vivo le excitó mucho, su corazón latía aceleradamente, sus ojos se llenaron de lágrimas, estaba emocionado porque sabía que él también estaba a punto de aprender algo que haría historia.

Seguramente sí, al menos su historia, de ello estaba 100% seguro.

capítulo 6
Arrancando

*«Camina hacia el futuro abriendo nuevas puertas
y probando cosas nuevas, sé curioso, porque nuestra curiosidad siempre nos conduce por nuevos caminos»*
Walt Disney

El expositor volteó a ver a todos los asistentes sonriendo «de oreja a oreja», parecía más que feliz de estar al frente, se paró a la mitad del escenario y puso sus manos tras su espalda, dio pasitos de un lado a otro y sin dejar de voltear dijo:

—El periodo de rotación de la Tierra con respecto al Sol, es decir, un día solar, es de aproximadamente 86 400 segundos de tiempo solar

(86 400.0025 segundos). El día solar de la Tierra es ahora un poco más largo de lo que era durante el siglo XIX debido a la aceleración de la marea, los días duran entre 0 y 2 milisegundos más. El periodo de rotación de la Tierra en relación con las estrellas fijas, llamado día estelar por el Servicio Internacional de Rotación de la Tierra y Sistemas de Referencia (IERS, por sus siglas en inglés), es de 86 164.098903691 segundos del tiempo solar medio (UT1), o de 23 horas, 56 minutos y 4.09890369 segundos. El periodo de rotación de la Tierra (en relación con el equinoccio vernal, equivocadamente llamado el día sidéreo) es de 86 164.09053083288 segundos del tiempo solar medio (UT1) (23 horas, 56 minutos y 4.09890369 segundos). Por tanto, el día sidéreo es más corto que el día estelar por 8.4 milisegundos. La longitud del día solar medio en segundos SIU está disponible en el IERS para los periodos 1623-2005132 y 1962-2005.133. Para ser más concisos y prácticos, a este momento hemos decidido que al movimiento que efectúa la Tierra girando sobre sí misma de oeste a este a lo largo de un eje imaginario denominado Eje terrestre que pasa por sus polos. Una vuelta completa (tomando como referencia a las estrellas) dura 24 horas, al cual llamamos día.

En ese momento se escuchó suspiros y

murmullos de los participantes, Raúl pensó que el público no esperaba escuchar temas científicos, sintió que con tanta información los volverían locos —más de lo que ya estaban—.

—Esta vez —prosiguió el conferencista— y ya estandarizado el concepto de día (que en realidad son simples y llanas 24 horas) les quiero demostrar por qué se puede y debe vivir feliz cada día — estaba diciendo algo que Raúl ya había aprendido en sus reuniones con Linda—. Para comprender mejor simularemos una situación, presten atención a lo que hipotéticamente me sucede, llamaremos a esta historia «El naufragio»: mi barco se hunde, para mi mala suerte soy el único sobreviviente y llego (para mi buena suerte) a una isla.

Para mi mala suerte es una isla desierta calculo que (para mi buena o mala suerte) sólo hay comida suficiente para un año máximo, por lo que quedarme a vivir ahí no es una buena opción. Cuento solamente con un hacha, unas cuerdas que rescaté del naufragio y un par de libros viejos que no se alcanzaron a mojar porque estaban dentro de una bolsa de plástico, así que también tengo (para mi buena suerte) una bolsa de plástico, la ropa que traigo puesta y la comida que alcanzará máximo para un año.

Decido que tengo que diseñar un plan que me ayude a encontrar la manera de salir de ahí para sobrevivir, diseñar un plan me toma cinco días, deduzco que la mejor forma de salir es construir una balsa; calculo que estaré a unos 750 km de la costa más cercana, por lo que llegar me tomará, al menos, 250 días remando (si cada día lograra avanzar 3 km). Si remo ocho horas, y dedico el resto a comer y dormir, tendría que avanzar a un promedio de 1 km por hora (velocidad terrestre). Para hacer la balsa debo cortar algunos de los árboles de la isla, utilizando la cuerda que rescate del naufragio tardaré unos 15 días.

Según mis cálculos, en menos de un año debo estar en tierra firme, lo cual indica que mi propósito está definido: llegar a un puerto habitado para ser rescatado y llegar cuanto antes a casa.

—Comienzo mi tarea de cortar árboles —siguió narrando— después de ocho horas de trabajo diario en el primer día logro tener casi la madera suficiente para media balsa, a este paso calculo que en tres días estaría terminando mi balsa y mis tiempos se acortarían; sin embargo, no sabía que al otro día me dolerían de esa manera los músculos del cuerpo, mis manos amanecieron ampolladas de tal forma que me fue imposible volver a tomar mi hacha sin que se me cayera por el extremo dolor que provocaba sólo empuñarla.

Como mi logro el día anterior fue tan bueno decido hacer una pausa para el siguiente corte, lo pospongo dos días, llevo ventaja por mi excelente trabajo, dejaré descansar mis músculos, mientras buscaré algo que me ayude a curar mis ampollas.

La idea resultó genial, para el cuarto día de mi plan y con mucho menos dolor continúo cortando madera, esta vez decido que cortaré a un paso más ligero para no dañar mi cuerpo y resulta un éxito, pude cortar lo mismo, es decir, la otra mitad de la madera necesaria para la balsa en dos días, para efectos prácticos había cortado la primera mitad de la madera en tres días (uno cortando y dos descansando) y la segunda mitad en sólo dos días. A veces el descanso es nuestro mejor aliado.

—El armado fue realmente rápido —continuó describiendo—, en dos días más ya estaba listo para zarpar, en la balsa cabía perfectamente toda la comida, mis dos libros en su bolsa de plástico y yo. También hice un par de remos de madera y hasta me di el lujo de hacerle un techito con las hojas de una palmera para cubrirme del sol. Así, «viento en popa» —como dicen los marinos—, subí a mi balsa, la nombré «Esperanza» porque así decidí llamar a mi propósito esta vez; —una ventaja de estar en una isla desierta y solo es que no hay que consultar con nadie más si les gusta o no el nombre que elegí—, por ello fue así de simple, «Esperanza» y yo zarpamos juntos hacia el puerto más cercano. Remé y me di cuenta que era muy fácil, pero luego de dos horas seguidas se convirtió en una tarea muy difícil, ya que cuando el viento soplaba a mi favor y el agua se movía en mi sentido, remar era fácil; sin embargo, cuando la corriente y el viento estaban en contra, remar era muy difícil.

Estuve remando las ocho horas que había planeado, sabía que debía alcanzar mi meta diaria de 3 km —en teoría parecía muy fácil—, así lo hice por casi 30 días, sin faltar a mi horario y sin dejar de trabajar duro para lograr mis 3 km por día; fue al amanecer del día 31 cuando decidí calcular mi avance, gracias a mis conocimientos de los astros de las clases impartidas por mi maestro, el Dr. Discovery Channel (de quien había sido fan toda mi vida) logré calcular que había avanzado un total de ¡33 kilómetros en 30 días!

—Algo estaba mal —cambió su expresión y su tono de voz— si para algo era bueno era para el cálculo ¡y las matemáticas no fallan!, estaba seguro que mi avance había sido de 3 km diarios, entonces debería llevar 90 km, ¿dónde están esos 57 km? Ese día me deprimí mucho, por mi estado de ánimo elegí no remar, al día siguiente hice de nuevo las cuentas, seguramente me habría equivocado con alguna cifra, oscureció y llegó la noche, así que me acosté viendo las estrellas, pues el cielo no estaba nublado como los días anteriores. Para mi enorme sorpresa, viendo la constelación de Orión (una de mis favoritas) y perdido en la inmensidad del universo me di cuenta que la balsa se movía. Las corrientes nocturnas, la atracción de la luna o vayan ustedes a saber qué era lo que hacía que mi balsa se regresara en las noches, por lo que inmediatamente caí en cuenta que la razón por la cual avanzaba muy poco es que de día remaba 3 km y en la noche me regresaba dos era. ¡Me deprimí al triple!, no sólo me dolía el cuerpo por el esfuerzo, ahora me dolía el corazón, mis recursos (entiéndase alimentos) habían sido consumidos tal como lo había planeado ¡y mi avance era tan, pero tan pobre!

—Tardé casi una semana en levantarme el ánimo yo solo — continuó narrando su historia—, considerando el poco avance, la semana sin remar y el retroceso natural de mi balsa por las noches, planee otra estrategia, tendría que sumar al menos 1 km al día para alcanzar mi propósito, rediseñé la barca con mi hacha , de manera que al colocar los remos por la noche, en lugar de que con el movimiento del agua se regresara, sólo diera vueltas y así evitar la pérdida de lo ya ganado. Y lo más importante, durante mi semana de reflexión añadí a mi propósito un significado, me pregunté para qué estaba haciendo todo esto, si bien era para sobrevivir, ese es un instinto natural, entonces lo hacía para volver a pasar tiempo con mi familia, con mis dos hijos que estaba seguro habrían llorado junto con mi esposa pensando que habría muerto en el naufragio del barco (como todos los que me acompañaban ese día).

Ese significado (sumado a mi propósito) cambió el rumbo de mi viaje, he de confesar que durante los siguientes meses hubo días en que a veces por la monotonía del mar, por cansancio, por mal tiempo, e incluso sin motivo alguno, decidí no remar y dejar que la barca sólo diera vueltas.

Otros días cambiaba a propósito el rumbo de mi balsa, avanzaba perpendicularmente por el simple hecho de hacer cosas diferentes, pero en esos momentos la cara de mis hijos y la idea de besar a mi mujer nuevamente me hacía recuperar el tiempo perdido.

—No sé si fallaron mis cálculos— reflexionó—, o si realmente la costa estaba más lejos de lo que supuse la primera vez, el caso es que me tomó exactamente un año llegar a tierra firme (casi tres meses más que el cálculo inicial). Pronto estaría con mi familia, con mis hijos y lo mejor de todo, con ese beso que tanto ansiaba de mi mujer cada que remaba en altamar.

—¿Qué ven, en ello? —preguntó el conferencista— esto podría ser una historia motivadora digna de una película ganadora del Óscar si llegara a manos de un buen director, sin embargo, sé que algunos cuestionarán, ¿y el agua? ¿acaso no bebía agua? ¿y el sol?, el sol derretiría a cualquiera que enfrentara un año en el mar sin más que una balsa de madera y unas hojas de palmera. Huracanes, tormentas, animales marinos, cualquier clase de peligro hubiera hecho que fracasara.

Efectivamente, nuestra esta historia ustedes pueden agregarle tantos peligros, variables y situaciones como quieran, pero no olviden que también pueden ponerle tantas soluciones como sean posibles. Enfoquémonos a analizar los siguientes planteamientos:

¿Qué llevó al éxito a este joven?

¿Falló cuando hizo la balsa después de lastimarse el primer día?

¿Erró en sus cálculos de distancia al puerto más cercano?

¿Fracasó durante el primer mes que no consideró en sus cálculos el regreso provocado en la noche?

¿Falló en el diseño de su balsa?

¿Se equivocó infinidad de veces por monotonía?

¿Falló otras tantas por cambiar el rumbo para no fastidiarse de lo mismo?

¿Erró algunas veces por el clima?

¿Fracasó porque llego más de dos meses después de lo que él mismo había programado?

¿Falló consecutivamente en la distancia recorrida?

¿Fracasó al mantener un estado de ánimo tan positivo?

¿Falló al comer más de lo que le correspondía?

¿Falló al comer menos de lo que le correspondía?

—Podemos debatir días y meses sobre esto —dijo cambiando el tono de su voz— en lo que todos estaremos de acuerdo es que acertó en lo más valioso, cumplió con su PROPÓSITO Y SIGNIFICADO.

Quizá cuando llegó a casa no encontró a su familia porque se mudaron, corrió el riesgo de que su esposa —pensando que había muerto— se hubiera enamorado de otro, otra posibilidad es que antes del final se hubiera quedado sin comida y hubiera fallecido por inanición. Ahora sí hagan una lista de probabilidades: mátenlo, ahóguenlo, ¡hasta hubiera podido comérselo un tiburón!

Lo que sea que hubiera pasado no le quitaría que cada día de su viaje vivió con su propósito y su significado bien claro, y ahí es donde radican las posibilidades reales de éxito en la vida.

—Si en un año intentan algo todos los días —prosiguió— y fallan casi la mitad de las veces —unos 180 fracasos— significa que lo lograron 185 veces. ¿Acaso eso no es meritorio? Intenten algo 185 veces y seguro alcanzarán el éxito. Lo primero que debemos de aprender es a ver el mundo con el lente correcto, pues socialmente nos hemos enfocado más a detectar las veces que nos equivocamos que las veces que acertamos. ¿Saben qué es lo mejor?

Está comprobado que cuando te propones algo con el corazón, le adjudicas un verdadero propósito y un significado para hacerlo, el promedio de fallas no excederá el 10%, es decir, de cada diez veces que lo intentes sólo fallarás en una, de este modo tu promedio sube muchísimo. La deducción que se hizo al inicio de este párrafo es que si fallas 180 veces al año es considerado un éxito,

¡imagínate cuando falles sólo 30 o 40 veces! ¡Tendrás logros más de 300 veces al año!, y eso en cualquier lugar del mundo es un éxito seguro.

—Hagamos un ejercicio rápido —dijo apuntando con su mano derecha al auditorio— cierren sus ojos, respiren profundo y tómense un minuto para interiorizar y darse cuenta de la última vez que sintieron que fallaron, que se equivocaron, que eligieron mal, seguramente a muchos de ustedes eso les sucedió ayer, otros lo vivieron esta mañana, los muy afortunados quizá hace un par de días, busquen su error en cualquier aspecto de la vida, por simple que parezca, ubiquen ese momento.

Raúl cerró sus ojos, buscaba en su memoria el error más reciente que hubiera cometido, escuchaba atentamente las instrucciones, la voz del expositor se mezcló con la de Linda, ¡parecía que era ella quien hablándole hablaba!, podía jurar que estaba frente a ella en ese café, con esa mirada llena de brillo y poniéndolo a prueba otra vez.

Cada vez que enfrentaba a Linda significaba enfrentarse al reto de algo que se le movía en el interior, una sensación que no podía explicar, con la que luchaba mientras mantenía su mente abierta para aprender más y más. Esta vez ganó Linda, pues su voz se escuchó más fuerte, habían hecho un ejercicio similar en una de sus citas, volvió a experimentar esa sensación que provocaba en su cuerpo su dulce voz y revivió el recuerdo, sentados frente a la ventana Linda le dijo:

—Mantén tus ojos cerrados, no hagas trampa, recuerda ese desacierto que cometiste hoy y, que si tuvieras la oportunidad de corregirlo, lo harías inmediatamente ¡sólo tienes diez segundos!

Justo en ese momento, ante la activación de la alerta de tiempo, pasaron por la mente de Raúl un desatino que había cometido esa mañana cuando sonó el despertador, lo apagó y decidió que ese día no se subiría a la caminadora, hacía frío, la cama era tan cómoda. Lucía ya había despertado y le preguntó si no se levantaría, él respondió seco —hasta cierto punto grosero—: «¡No! Hace frío y es mi vida».

Con este ejercicio que Linda le invitó a hacer tomó conciencia de que en menos de un minuto de haber empezado su día había cometido dos errores: no hacer ejercicio y ser grosero (muy grosero) con su esposa.

—Cada día, en cada segundo podemos cometer errores —dijo Linda—, a veces no creemos que en tan poco tiempo podamos cometer tantas fallas, incluso vamos en contra de nuestros principios y valores, hasta de lo que nosotros queremos ser. Parece que cada que fallamos tomamos caminos errados, sin embargo, te aseguro que cada error analizado te acerca al siguiente acierto.

No se contuvo, lo que decía Linda era tan real, su mensaje era tan directo y preciso para él que entreabrió los ojos para ver si acaso ella no estaba hablando ante una bola de cristal que le mostraba cada detalle de cada situación en la vida de Raúl. Reconoció su error y decidió que le llevaría flores a su esposa y le pediría una disculpa por su rudeza matutina y no se acostaría sin haber hecho ejercicio. Linda siguió dictando instrucciones:

—Ahora Raúl, sin abrir los ojos, tienes diez segundos para ubicar momentos que te hicieron sentir bien, no vayas muy lejos en el día, piensa en aciertos, en algo que hayas hecho en la última hora y que tengan que ver con lo que sí te gusta de ti, encuentra la relación con tu propósito y significado. Concéntrate en encontrar momentos que te gustaría repetir.

Raúl pensó en la puntualidad, era uno de sus puntos fuertes, un ejemplo era esa mañana, él había llegado puntual a su cita con Linda; otro aspecto positivo que tenía era la cortesía, como cuando llegó al café, cedió su lugar en la fila a una señora que parecía tener prisa. El autocontrol definitivamente era una fortaleza en él, un ejemplo que podría citar de esa mañana es que había pedido café con leche light (en lugar de crema) y resistió la tentación de pedir el delicioso pastel de zanahoria que Starbucks exhibía en su vitrina, había esperado pacientemente a que una mesa se desocupara —sin gruñir como era su costumbre—. Contrario a lo que él había pensado, le resultó más fácil detectar sus aspectos positivos que los negativos.

—Ahora Raúl —Linda siguió con el ejercicio— te voy a mostrar algo maravilloso e increíblemente mágico —sacó un bolígrafo de su bolso y tomó una servilleta de la mesa—, escribirás aquí dos listas, una de los fracasos que identificaste y otra de tus éxitos de este día, hazlo a modo de resumen, puedes usar palabras clave, no lo hagas en prosa.

Raúl escribió:

—Muy bien Raúl, veo que no fue tan difícil elegir las fallas y los aciertos —le animó Linda— deberías agregar a tu lista de áreas positivas que eres concreto —sonrió—. Lo maravilloso de esto es darte cuenta de la capacidad que tenemos los seres humanos de compensar las fallas con aciertos. Mira —ella trazó una línea vertical que separaba los fracasos de los éxitos—, la falta de ejercicio lo compensaste con la eliminación del postre, y lo grosero que fuiste con Lucía lo compensaste con el gesto cortés que tuviste con la señora de la fila. Siendo estrictos, seguro no hiciste ejercicio porque no te levantaste.

Raúl pensó para sí que era una adivina

—Pero lo compensaste con llegar puntual a tu cita —continuó Linda— ¡Qué maravilla! ¿No? Los seres humanos somos tan perfectos que compensamos los errores con aciertos, pero los aciertos no se compensan con errores ¿sabías eso?

A esto se le conoce como la Ley de la compensación de los fracasos, y siempre está presente, lo único malo es que para percibirla debemos aprender a identificar nuestros aciertos y no los fracasos (o fallas), esos te los mostrará la gente, por naturaleza te los dirá e incluso los exhibirá; así que debemos preocuparnos por encontrar el éxito de cada momento, sólo identificarlos es ya un logro. Como ves, uno te lleva a otro, es una espiral de subida, independientemente de que te detengas o no en tus fracasos y generes acciones para enmendar los errores, lo que produce nuevos aciertos que van subiendo en la espiral.

—Suena impresionante —mencionó Raúl— pero no estoy tan seguro de que a Lucía se le haya compensado mi grosería —él mismo estaba sorprendido de compartir esta intimidad con Linda.

La respuesta de Linda no pudo ser más acertada cuando le afirmó:

—Estoy segura que Lucía está siendo compensada por haberte preguntado en el modo que lo hizo, a ti te corresponde reconocer que fue muy prudente al quedarse callada y no armar una bronca en ese momento; por otro lado, nada pierdes si le compras una rosa y se la llevas ahora que regreses a casa y, con un beso, reconoces tu error.

Raúl seguía pensando que Linda era adivina, su consejo confirmó lo que había decidido minutos antes. Linda siguió hablando, le explicó cómo las personas se autocritican y se dañan al ver el vaso medio vacío —como decía el famoso anuncio de televisión de los años ochenta—, cuando en realidad es la mejor oportunidad de ver lo bueno y ver ese vaso medio lleno.

El aplauso que el público ofreció al orador trajo de regreso a Raúl al salón, el conferencista agradecía sonriendo y apretando sus manos al frente, como torero que parte plaza después de una faena con un toro de lidia, sólo faltaba que el público sacara sus pañuelos blancos para pedir como premio una oreja, muchos se levantaron de sus asientos y siguieron aplaudiendo, los había cautivado su exposición.

La voz del maestro de ceremonia anunció una pausa de 30 minutos para tomar un refrigerio, pedía puntualidad para regresar a tiempo a la siguiente conferencia. Sobe el escenario quedó una mesa con una jarra de agua y un vaso con agua, Raúl lo observó y pensó «Para mi fortuna el vaso está medio lleno» sonrió y suspiró para sí «Linda, ¿dónde estás?».

capítulo 7
Meditar

*«Nada es imposible al que practica la meditación,
con la meditación nos hacemos dueños del Universo»*
Lao Tsé

Raúl dedicó los 30 minutos del receso a buscar a Linda, primero en cada isla de café, después en el área donde estaban los organizadores, finalmente se atrevió y se acercó a la mesa de registro, mientras las edecanes iban por galletas ojeó la lista de asistentes —pensó que si no estaba registrada su firma era porque aún no llegaba— pero su nombre debía estar ahí, sin embargo no era así, su nombre no estaba en la lista, la única Linda que aparecía se apellidaba Thompson y venía con el grupo de Coca Cola, la que él buscaba era Güemes y no había mencionado que trabajara para una refresquera, incluso a ella no le gustaban los refrescos, y los de cola menos, así que sería una incongruencia que trabajara ahí.

Un timbre sonó, indicaba a los asistentes que pasaran al salón, Raúl se apostó estratégicamente justo a la entrada del salón de manera que viera cuando ella pasara por las puertas de acceso; entraron los asistentes, un grupo de organizadores, el fotógrafo, el de audio, las chicas de traducción simultánea, los de mantenimiento —que habían hecho maravillas dejando deslumbrante el salón acomodado y limpio, abastecieron las islas con café y agua— e incluso pasó el primer expositor, quien amablemente le sonrió como agradeciendo que estuviera ahí deteniendo la puerta, a Raúl le pareció de mal gusto y dejó que ésta se cerrara aun antes de que todos estuvieran en sus lugares.

Linda no entró. ¡Qué cosa tan rara!, estaba seguro que ella había hablado de estar ahí esos días, o al menos es lo que él había entendido…

Por quedarse en la puerta perdió el lugar

que tenía durante la primera sesión, ahora estaba mucho más atrás, llamó su atención que la luz no estuviera encendida completamente, pensó que había fallado alguna planta, la penumbra del lugar lo puso nervioso, deseaba que pospusieran la conferencia para que arreglaran la iluminación, sin embargo el expositor —que vestía un atuendo blanco con apariencia de gurú— comenzó su intervención:

—Meditar está de moda. Cada vez son más las personas que deciden sentarse en un cojín de meditación para hacer nada durante unos minutos al día, entre ellos personajes famosos como Richard Gere, David Lynch o los Beatles Paul McCartney y Ringo Starr, quienes no dudan en gritar a los cuatro vientos las ventajas de esta técnica milenaria.

Pero, ¿qué cambios puede producir en una persona esta práctica? ¿Sirve en realidad para algo o es una manera snob de perder el tiempo? Hay investigaciones científicas que prueban sus beneficios, un estudio de la Universidad de Yale concluyó que las personas que meditan durante muchos años desarrollan una nueva red neuronal, como resultado hay una mayor conciencia de uno mismo y del presente. La Universidad de Wisconcosin nombró a Matthieu Ricard, un monje budista, el hombre más feliz del planeta. Está probado porque cuando se medita, cuando se silencia el ruido mental (que es como una jaula de grillos) se activa el área prefrontal izquierda del cerebro humano, que es la base de las emociones positivas como la alegría y el entusiasmo.

Raúl sabía que el conferencista citaba a Alonso Puig, autor de casi una decena de libros, aunque él sólo había leído «Ahora yo» y «Reinventarse», este autor es médico cirujano, estudió en el Instituto Tecnológico de Massachusetts (MIT, por sus siglas en inglés) y Harvard, es un reconocido conferencista a nivel mundial.

—Se ha demostrado que a través de la meditación se puede reducir la hipertensión arterial y mejora el sistema inmunológico —explicó el conferencista—. La técnica más común que emplea es la concentración en la respiración y los beneficios que aporta son numerosos, lo primero que se nota es una mayor tranquilidad, menor ansiedad, mayor capacidad de hacer frente a las situaciones difíciles, sin reaccionar de forma automática.

A largo plazo ayuda a conocerse a sí mismo, saber quién eres. Este boom de la meditación se ha generado porque hay una necesidad de tranquilidad para compensar el ritmo de vida tan estresante y se están produciendo muchos movimientos colaterales. Dokushô Villalba, primer maestro Soto Zen español de la historia y autor de varios libros sobre el zen, cree que esta mirada hacia una práctica milenaria como la meditación se debe al nivel de desarreglo emocional y psicológico, de la pérdida de sentido que se vive en este momento. Yo concuerdo con él, pues tanto el índice de suicidio, así como las enfermedades mentales no han dejado de subir en los últimos años.

Conforme transcurría la conferencia, Raúl comprendió que la tenue iluminación era parte del la estrategia para hablar sobre ese tema y generar así un ambiente de tranquilidad, entonces el conferencista cambió su tono de voz y dijo:

—En los últimos 50 años occidente ha descubierto que esta herramienta tiene gran eficacia para mantener el estado de equilibrio, de lucidez, la meditación ha llegado a occidente para quedarse y expandirse, aunque siempre haya una capa superficial de moda, entre los snobs. Pero, ¿en qué consiste meditar? —hizo una pausa y miró atentamente a los participantes, una mano levantada, un valiente que contestara su pregunta.

Raúl recordó lo que Linda le había explicado sobre la importancia de la meditación, dijo que la atención se consigue a través de un entrenamiento de aprender a desarrollar un estado de vigilia continua en el que la atención está dirigida a la experiencia interna. La seriedad en el rostro de Linda realzaba la importancia del tema, cambió su tono de voz y le explicó:

—Lo primero es aprender a enfocar la atención en la respiración para evitar la dispersión mental, debemos practicar la meditación sin esperar ningún beneficio, pues si lo haces para obtener alguno, éstos simplemente no aparecerán, sólo aparecen cuando se persigue nada señalaba.

En el momento de la meditación se dejan pasar los pensamientos, las emociones, las sensaciones, toda actividad mental, sin pretender manipularla o llevarla hacia un estado, como un río que fluye. Es una práctica muy simple que requiere mucho entrenamiento hay que llevar esta actitud de atención y observación a todos los ámbitos de la vida, desde el trabajo hasta cualquier actividad que se desarrolle —y entonces citó al maestro Villalba— «Es una excelente herramienta para contrarrestar el estado en el que se vive en el que uno está siempre corriendo detrás de algo».

Contrario a otras ocasiones e incluso otros temas, en éste Linda permaneció seria, muy concentrada, con su mirada siempre en sí misma, parecía que estaba mirando a su interior y sus palabras vinieran de lo más profundo de su ser, entonces continuó:

—Meditar me ha aportado serenidad, confianza y capacidad para aceptar cosas que antes me resultaban insoportables, durante los periodos en que he practicado diariamente me he sentido mucho más equilibrada y feliz, mucho más segura y decidida.

En ese momento algo la regresó de su interior y le devolvió ese rayo de luz en sus ojos, terminando su explicación de la importancia de la meditación en la vida. El despertar de Linda en su mente alertó a Raúl, quien al igual que ella regresó de su recuerdo para ver cómo el gurú se levantaba y daba instrucciones a los asistentes, pues les enseñaría a meditar.

Primero lo escucharían e intentarían llegar a profundizar dentro de sus mentes, sugirió que mantuvieran respeto por la actividad, ya que estaba seguro que quienes alcanzaran el nivel profundo de meditación verían sus beneficios, pidió que apagaran los teléfonos celulares, y que dejaran todo objeto: plumas, cuadernos, relojes, iPads, y cualquier objeto susceptible de distracción bajo las sillas, pidió a quienes no quisieran participar se mantuvieran en silencio.

Raúl se sorprendió al ver que varias personas salieron de la sala en ese momento, ya había escuchado casos e historias de personas que temían enfrentarse con su interior, pero él quería probarlo todo, así que bajó sus cosas, apagó su celular y desabrochó un par de ovillos su cinturón para no sentir la presión de la ropa.

El conferencista se sentó en el piso, la iluminación se hizo aún más tenue, el único ruido que se escuchaba en ese momento eran la voz que daba instrucciones y la respiración profunda de los participantes. Su voz era serena, sus palabras parecían llegar a lugares profundos en la mente de Raúl, la respiración profunda comenzó a perderse en el espacio, se escucharon algunos suspiros y murmullos de quienes al relajarse relajaban su cabeza sobre sus propios hombros.

Raúl sintió que este ejercicio le hacía bien mientras del gurú pedía que toda la atención la centraran en su respiración, no en su mente, pero la imagen de Linda apareció en la mente de Raúl, se dio cuenta que sólo llevarla a su cabeza aceleraba su corazón y dejaba de escuchar su propia respiración, así que volvía a centrar su atención y dejó que sus oídos y su interior mandaran, no su mente.

En pocos segundos desapareció de la mente

de Raúl la voz, los ojos y la sonrisa que lo había llevado hasta aquí, su cuerpo se relajó y escuchaba cada vez más lejos la apacible voz que le provocaba sentirse tan, pero tan relajado.

(…)

(…)

(...)

(...)

(…)

El despertar de la meditación fue igual de tenue que su inicio, la voz del conferencista comenzaba a llegar de muy lejos, los sentidos regresaron poco a poco, incluso notó cuando su saliva pasaba por su garganta e increíblemente le pareció escuchar el recorrido de su sangre por sus venas y así, a su regreso, sin saber cuánto tiempo estuvo meditando, se dio cuenta de la paz que tenía en su mente y su cuerpo. Estaba contento sin una razón más clara que la de sentirse vivo. Cuando todos se reincorporaron Raúl tomó su celular y miró sorprendido la hora, era hora de comer.

capítulo 8
Bien-Estar

*«Si no perdonas por amor,
perdona por lo menos por egoísmo,
y por tu propio bienestar.»*
Dalai Lama

Raúl se dirigió al restaurante del hotel, se sentó en la cabecera de una mesa que compartía con Jesús —quien parecía tener 35 años de edad— y Ana —que se veía un tanto menor— era una pareja de amigos, aunque por su apariencia relajada parecía que estaban de luna de miel, la realidad es que sólo eran amigos y habían decidido explorar juntos esta experiencia de aprendizaje.

En la otra cabecera estaba un señor alto, con bigote que daba la apariencia de vivir en el norte del país, a su lado estaba sentado un joven de nombre Julián, quien se había presentado con ellos como «Transformador», era miembro del equipo que organizaba este evento, su función era apoyar a los participantes manteniéndose cerca de ellos. Julián vestía formal pero cómodo, traía un pantalón caqui de pinzas y una camisa colorida perfectamente planchada con las mangas arremangadas a medio brazo y zapatos muy limpios, destacaba de su cuello una cadena con una especie de dije, parecía ser un amuleto, Raúl pensó que podía ser un lindo regalo de su esposa, dedujo su estado civil por el anillo que llevaba puesto en el dedo anular de la mano izquierda. Julián sobresalía por su manera de hablar y dirigirse a los comensales con su blanca sonrisa y su manera de mover las manos, lo más impresionante para Raúl era la seguridad con que miraba, con un brillo especial en sus pupilas, Raúl sólo había visto unos meses antes en los ojos de Linda.

Recordarla en este momento era terrible, pues estaba seguro que no encontraría a Linda en ese congreso. No sólo se parecían en el modo de hablar, la seguridad y el auténtico carisma que se contagiaba, también era «Transformador», debía aprovechar un momento para preguntarle a Julián si conocía a Linda y saber si vendría, estaba seguro que él se lo podría aclarar.

Durante la comida hablaron de temas diversos, contaron chistes y chismes, discutieron la reforma educativa y la energética que se acababan de implementar en México, mencionaron los nuevos impuestos, si hubiera sido la Cámara de Diputados esto hubiera sido aprobado por completo, rápidamente; Jesús y Ana comentaron su que venían de una localidad muy cercana a la capital de Oaxaca, Raúl no dejó de opinar sobre la deliciosa comida que se disfruta ahí, comentó que en 2008 la UNESCO emitió un decreto que distingue a la cocina tradicional oaxaqueña como Patrimonio Cultural de la Humanidad, en menos de diez minutos entre todos enlistaron sus platillos favoritos: chapulines, tamales, memelas, pellizcadas, quesadillas, sesadillas, tlayudas, chicharrón, salsa de chile serrano, chiles de agua rellenos de quesillo, chiles pasilla rellenos de picadillo, molotes, sal de gusanito, guacamole, enchiladas, enmoladas, enfrijoladas, entomatadas, tasajo, cecina enchilada, costillas, chorizo, sopa de guías, chileatole, asado de res, barbacoa, arroz con chepiles, higaditos de fandango, pozole mixteco; también enlistaron las bebidas típicas: mezcal, atole de panela, chocolate-atole, champurrado, agua fresca de chilacayota, tejate, limón con chía, almendra con tuna, tuna con nuez horchata de arroz (en esta ciudad le añaden trozos de melón y nueces); para terminar describieron los postres tradicionales: nicoatole, arroz con leche, bocadillo de garbanzo, garbanzos en miel de piloncillo, nanches en dulce, gollorías, pastel de elote, así como las nieves (helados) de leche quemada, de tuna, de pétalos de rosa, de jiotilla, de mezcal, de queso, de elote y de aguacate, no olvidaron los famosos buñuelos, el pan de yema, así como la gran variedad de dulces regionales (nenguanitos, barquillos, marquesote, rosca de yema, empanadas de lechecilla, cocadas, mamones, gollorías); hicieron un tour gastronómico por tan bella tierra desde la comodidad de su mesa.

Julián resultó el amante más conocedor de la cocina oaxaqueña, pensó que ese día todo lo que hacía lo había hecho bien, ¡era realmente impresionante!

Durante la sobremesa disfrutaron un delicioso café veracruzano, Julián dirigió la plática de manera muy coloquial e inteligente, expresó lo bien que se sentía en ese momento, habló de lo maravilloso que es poder disfrutar cada situación sin que eso signifique que no existan problemas, explicó de un modo sencillo la diferencia entre el bienestar y el bien-estar (así, separado), el bien-estar es ese espacio, momento o lugar que nos proporciona satisfacción, gozo, tranquilidad, paz, descanso, relajación y todo adjetivo que sirva para manifestar que estamos bien, mientras que esto ocurre en ciertos momentos de nuestra vida, el resto del tiempo nos mantenemos al ritmo acelerado de las ciudades en las que vivimos y sus inconvenientes como el tráfico, o, en el peor de los casos nos olvidamos de nosotros mismos sin importar dónde nos encontremos o con quién estamos para sumergirnos en la aceptación de las situaciones tal y como se nos presenten, ¡sin buscar nuestro bien-estar!

—Eso sería como ser una hoja que lleva el viento, donde le da la gana, sin voluntad propia —gritó Raúl, como entendiendo el concepto.— ¡Exacto! —confirmó Julián— Todo aquel que va por la vida sin detenerse a pensar en lo que desea, cómo lo desea, con quién lo desea, ¡recibe lo que sea! Y generalmente nunca es lo que nos proporciona bien-estar, porque es alguien más quien decide o las circunstancias que nos orillan, es importante saber que para llegar al bien-estar (y disfrutarlo) es necesario, en primera instancia, escuchar nuestra voz interna, para lograrlo les recomiendo elegir una hora del día y un lugar para acallar la mente, como en la meditación que hicimos hoy, cerrar los ojos y permitir que en el silencio la información de tu «yo» interno se manifieste. Una vez que logres hacer este ejercicio como parte de tu rutina diaria, poco a poco encontrarás la sabiduría de tu propio bien-estar.

—Mi propio bien-estar —Julián prosiguió— radica en compartir, en ser y estar, ¿recuerdan cuando en la conferencia dijeron lo importante que era ver lo positivo que nos sucedía cada día y enfocarnos a esos pequeños triunfos?

Pues esa es la parte más importante del bien-estar, lograr ver esos pequeños pasos que logran las grandes cosas, nos hace tener una mejor calidad de vida. Bien-estar es disfrutar pese a los errores, bien-estar es sonreír por ese libro leído, bien-estar es disfrutar el aire helado que se cuela por nuestra boca cuando terminamos cansados después de correr cinco kilómetros cada mañana, bien-estar es también el ceder el asiento del camión a la viejecita que acaba de subir.

Es el amor, la sonrisa, la lágrima saliendo por la película triste que transmitieron esta noche en la televisión. Bien-estar es, en una simple y llana definición, vivir como uno quiere. Vivir y disfrutarlo.

Bien-estar es una actitud que debemos de medir día a día —reiteró Julián—, debemos entender que terminar un día sin alcanzar el bien-estar no es lo correcto, no deberíamos irnos a la cama sin él. Les doy un consejo, si llega la hora de dormir y sienten que no han alcanzado el estado del bien-estar ese día, abracen a su pareja, hagan una llamada para decirle a alguien que lo quieren, hagan un sándwich y asómense a la calle para regalárselo a algún nocturno y friolento paseante que tenga hambre, róbenle una sonrisa a alguien, esos tres minutos antes de irse a la cama serán la diferencia para arrancar el siguiente día con todas las pilas del mundo.

Hábilmente Julián hizo una pausa en ese momento y miró a los ojos a todos en la mesa, Raúl parecía nervioso, de repente vio en Julián la misma mirada de Linda cuando le preguntó si en realidad era feliz.

Esa pausa, ese momento, esos segundos cuando el reloj camina muy lento lo remontó a esa película de finales de los años 90, Matrix, cuando Neo (el protagonista, interpretado por Keanu Reeves) esquiva magistralmente las balas que le disparaban y que parecen moverse exageradamente lento, la diferencia fue que las balas disparadas ese día por Linda y hoy por Julián habían dado en el blanco, el frágil cuerpo de Raúl era sacudido y golpeado de tal manera que parecía que estaba a punto de gritar ¡No soy feliz! ¡No vivo como quiero vivir! ¿Qué hago?

Si Julián había mostrado carisma, equilibrio y

seguridad, ahora se ponía la capa de súper héroe con poderes telepáticos, pues precisamente le sostuvo la mirada a Raúl mientras decía:

—Recuerden que si hoy no se sienten en su mejor momento, mañana tienen la oportunidad de hacer los ajustes necesarios para que se sientan mucho mejor. Desde los últimos cinco mil millones de años, el sol aparece todos los días, así que puedo asegurarles que mañana nuevamente saldrá el sol, dejen de preocuparse por lo que no hicieron, ¡háganlo hoy!

Si necesitan retomar alguna cosa que han dejado pendiente durante mucho tiempo este es el momento de hacerlo, tomen el teléfono y llamen a ese viejo amigo del que no saben hace tanto, tiren de su armario los trapos viejos y dejen espacio para los nuevos (no importa que aún no los tengan, ya llegarán). Sentirse bien con lo que haces es el comienzo de vivir como uno quiere vivir.

Raúl respiró profundamente, suspiró de alivio al pensar que no todo estaba perdido, a pesar de que él tenía una familia a la que constantemente olvidaba agradecer que estaba siempre ahí, con él. Vino a su mente Lucía, su guapa esposa cuya mayor cualidad era aguantar a un tipo como él por tantos años, tan enfadado y crítico de todo en la vida. Hacía mucho tiempo que no le daba un beso (uno de esos que quitan el aliento). Pensó en sus hijos, tan sanos y llenos de vida, tuvo el impulso de ir a casa, sentarse en sus camas (como cuando eran chiquitos) y contarles esos cuentos que inventaba, donde los monstruos acababan siempre siendo vencidos por algún valiente personaje que acudía a su mente en esos momentos.

Sólo imaginar estar junto a la cama esa noche con su hijo de 15 años y comenzar a decirle «Había una vez, hace muchos, muchos años...» le provocó una gran sonrisa y fue precisamente en ese momento cuando la aparente telepatía de Julián se hizo manifiesta cuando dijo «Rodearse de sus seres queridos es también bien-estar... ¡Eso es sentirse vivo!».

Raúl se dio cuenta nuevamente de lo sencilla que era la vida, y lo complicada que la había vivido hasta hoy, perdía muchas horas del día buscando respuestas a su infelicidad cuando en realidad debería aprender a ver lo que hacía bien.

Apenas habían pasado seis o siete horas en su nueva aventura, se sentía lleno, con nuevas y maravillosas oportunidades para experimentar la felicidad.

Normalmente Raúl omitía los postres para cuidar su figura, esto también le hacía sentirse más saludable, pero ese día se permitió probar el exquisito pastel de chocolate con helado que le sirvieron, curiosamente —y en contra de su paradigma de salud— se sintió mucho mejor cuando acabó de comer. ¡Estaba dispuesto a vivir!

No podía desaprovechar la presencia de Julián en la mesa y justo pasó a su lado para despedirse, Raúl se levantó de la silla, lo tomó del antebrazo y al oído le susurró:

—Julián, sé que te parecerá extraña mi pregunta pero te la hago porque eres «Transformador», tengo una amiga que también es «Transformadora» ella fue quien me invitó a este congreso y hubiera jurado que estaría hoy aquí presente.

Julián, con su mirada pícara y terriblemente segura miró a Raúl a los ojos como queriendo leer el motivo de tal interés, sin embargo, sólo preguntó:

—¿Quién es ella que te dijo que estaría aquí y no se ha hecho presente contigo?

Raúl, en tono de pena por comprometer a su amiga, cuando en realidad ella no le había dicho que estaría ahí lo interrumpió:

—Espera, espera no es que me lo haya dicho, sin embargo, he visto que los

«Transformadores» han estado trabajando con nosotros muy de cerca, pero a ella no la he visto por acá.

Julián lo tranquilizó:

—No te preocupes, lo entiendo, pero cuéntame, Raúl ¿cómo se llama tu amiga?

—Linda, Linda Basurto —contestó casi automáticamente.

Julián lo miro con extrañeza, movió ágilmente su antebrazo para soltarse de donde lo tenía tomado Raúl y colocó su mano en el hombro de Raúl, palmeó ligeramente y le dijo:

—Creo saber a qué mujer te refieres, pero no estoy seguro que sea ese su nombre, ni siquiera su apellido, quizá si me dieras alguna seña en particular podría ayudarte más, conozco perfectamente a todos los «Transformadores», pues llevo muchos años aquí y hemos trabajado en muchísimas sesiones juntos.

Raúl recordó que en una de sus charlas se habían tomado una fotografía con el celular, lo que lo sacó de su bolsillo mientras Julián saludaba a los comensales que pasaban y se despedían de él, era por naturaleza sonriente y confiado —un referente del éxito—. Hacer presencia y hacerlos sentir bien era su trabajo y lo hacía bien, volteó con Raúl para ver la fotografía, pero el teléfono se había descargado, ¡no podía pasarle esto justo ahora!

—No te preocupes Raúl —le dijo Julián sonriendo—, entre tantos participantes, conferencistas, invitados y personal de apoyo, los organizadores no alcanzamos a vernos hasta que de repente nos topamos con ellos, disfruta el evento, verás que en cualquier momento la encuentras. Si en algo más puedo ayudarte, con mucho gusto estoy a tus órdenes, ha sido un placer, fue una rica comida y una espléndida charla.

Raúl, estaba seguro que entre el ruido del restaurante, lo apresurada que fue su pregunta y lo ocupado que estaba Julián había provocado que no entendiera el nombre de Linda, aunque también dudó, ya que algunas mujeres utilizan el apellido de su esposo y quizá eso confundió a Julián; la verdad es que tenía razón, eran muchos en el salón y podría coincidir con ella de un momento a otro.

Rodeado de participantes que parecían amigos, Julián emprendió su salida del restaurante, Raúl guardó su celular e hizo lo propio rumbo a su cuarto, necesitaba lavarse los dientes y poner a cargar su celular, quizá hablaría con Lucía y le contaría lo emocionado que estaba por este día.

capítulo 9
La vida es... Simple

«La vida no es complicada.
Nosotros somos complicados.
La vida es simple,
y lo simple es correcto.»
Oscar Wilde

La tarde caía en el salón y Raúl era un hombre distinto al que había llegado de Monterrey, se sentía más fuerte, más seguro, su perspectiva de la vida se había fortalecido y alcanzaba a ver diversos caminos.

Muchos de los temas que habían abordado esa mañana no eran nuevos en su vida, los había escuchado y analizado en distintos momentos con algunos «Transformadores», sus propios padres, sus amigos, exnovias y con muchas personas allegadas a su vida, pero en esta ocasión por fin estaba entendiéndolos de manera práctica. Raúl pensaba que muchas veces la respuesta a nuestros problemas está frente de nuestros propios ojos, pero no la vemos porque los lentes que traemos no nos ayudan, en este evento había descubierto de una manera muy práctica la manera de lograrlo, vio el programa y se emocionó al ver que la tarde iniciaría con un taller, ahí tratarían un tema que cuando Linda se lo explicó le había quitado el sueño por más de una noche, el pentagrama había cautivado su interés y aunque Linda había hablado mucho de él, no le había mostrado la herramienta.

Nuevamente sonó la música que invitaba a pasar al salón donde se realizaría el taller, Raúl se apresuró a buscar un lugar en la fila de adelante, como estudiante de secundaria que había hecho tarea, se sentó de manera que el profesor (hoy conferencista) pudiera preguntarle. Ahí —en primera fila— abrió su libreta, anotó en la parte superior el título del tema del taller «El pentagrama de la felicidad», se acomodó en su asiento, volteó a su derecha e izquierda, no conocía a las mujeres que estaban a su lado, era como estar en un lugar distinto, con personas nuevas, pero en ese momento no tenía que socializar, su propósito era aprender, esta era la última sesión del día, por la noche habría un brindis donde podría conversar y hacer a nuevos amigos.

En cada asiento había una carpeta y una pequeña cajita de cartón del tamaño de un estuche de plumas, al entrar al salón los organizadores dieron la indicación de que no la abrieran, muchos de los asistentes estaban jugando con ella, adivinando qué habría dentro, algunos habían abierto un extremo para tratar de ver su contenido, Raúl había determinado obedecer la instrucción, además estaba en primera fila, sería muy penoso que lo vieran y exhibieran —ese es el problema cuando quieres ser aplicado y te sientas hasta adelante—, con una sonrisa misteriosa decidió Raúl dejar a un lado la caja para evitar la tentación.

En el estrado había una mesa para dos expositores, uno de ellos ya estaba en su lugar y observaba a los participantes cómo se dirigían a sus lugares, la otra expositora era una mujer que estaba a un costado, platicando con un señor bajito de mediana edad que mientras hablaba sonreía y movía de manera exagerada las manos, la conferencista vestía de manera casual, portaba una blusa color vino y una falda azul, ajustada, le llegaba apenas arriba de la rodilla, tenía alrededor de 40 años, con cuerpo atlético, en sus manos tenía una cajita igual a la del público, su actitud denotaba que esperaba a que hicieran el último llamado para comenzar el taller, o que el señor dejara de hablar tomara su lugar, el llamado fue su salvavidas, ya que el señor continuaba con su monólogo y ella sólo asentía con la cabeza sonriendo.

En lugar de tomar su lugar en la mesa, la conferencista se dirigió al frente y saludó a través del micrófono pegado en su mejilla, igual que los utilizan ahora los artistas como Madonna y Pitbull en sus conciertos,

Mientras tanto, las luces de colores y música contagiosa ambientaban el lugar, tal como si la expositora fuera la protagonista de un concierto en el Auditorio Nacional en la Ciudad de México, su voz era semigrave y sensual —como de locutora de radio—,usaba un tono conmovedor, pidió a los asistentes toda su atención e inició su exposición como si contara un cuento de hadas:

—Había una vez una joven de nombre Genelle Guzmán, quien sobrevivió a los atentados ocurridos en Nueva York, ya han pasado más de diez años, algunos la han denominado la década Bin Laden, el 11 de septiembre del 2001 modificó el curso de la historia, y a ella le cambió la vida, actualmente tiene 40 años, es una de esas personas que puede decir, sin exageraciones ni eufemismos que volvió a nacer entre los escombros, pues fue una de las ocupantes de las Torres Gemelas (de 110 pisos cada una) aquella lúgubre fecha en la que Estados Unidos descubrió su vulnerabilidad. Era una de las 14 154 personas que debían estar en el interior de los edificios uno y dos del World Trade Center (WTC) cuando se produjo el ataque con dos aviones comerciales. Muy pocos sobrevivieron al desplome, pocos fueron rescatados con vida en las ruinas del emporio financiero, Genelle Guzmán ha pasado a las crónicas como la última superviviente rescatada de entre los escombros, enterrada en vida durante más de 24 horas.

—Hacía sólo un par de años que esta mujer había salido de Trinidad y Tobago, su tierra natal —continuó su narración la expositora, quien a partir de esta parte del relato alternaría su descripción con citas textuales de una entrevista que le habían hecho a la superviviente—, es la menor de trece hermanos, en 1998 se mudó a Nueva York, Genelle iba tras un sueño, ella misma dice que «Desde niña anhelaba ser bailarina profesional, creo que tenía cierto talento para bailar y cantar», pese a su determinación para quedarse en la Gran Manzana, pronto comprendió lo fácil que resulta soñar y lo difícil que es despertar. «En lugar de prepararme para hacer realidad mi deseo, me dedicaba a salir de noche, a ir a clubes, beber, relacionarme», primero fue cuidadora de niños y luego secretaria temporal en la Port Authority (Autoridad Portuaria), institución pública propietaria de los terrenos del

WTC y que gestiona la infraestructura tanto de NY como de Nueva Jersey. En su país dejó a su primogénita, Kimberly, nacida de una relación que terminó antes de lanzarse a la aventura estadounidense.

—A Genelle le tocó el impacto en el piso 64 de la Torre Norte del primer avión, el vuelo No. 11 de American Airlines que despegó de Boston con ruta a California —aclaró la conferencista—, el aparato iba a casi 700 kilómetros por hora en el momento en que colisionó entre los pisos 93 y 98. Hubo un gran bamboleo, el edificio se cimbró de un lado a otro.

La primera idea que le vino a la cabeza es que se trataba de un terremoto. Genelle explica como si acabara de ocurrir «En los años que viví cerca de Manhattan había experimentado pequeños terremotos en diversas ocasiones, sabía que la actividad sísmica en la costa este es más bien rara, pero no encontraba otra explicación lógica a lo ocurrido».

Ese día despertó a las 06:40 h en su apartamento de Brooklyn, ella misma dice que «No había nada que me hiciera sentir infeliz, mi vida era buena, me puse mi falda, mis tacones, me maquillé, tomé el metro, me sentía emocionada por acudir a la oficina porque ese día se concretaría un viaje de vacaciones a Miami que había programado para octubre con mi compañera Rosa González, me sentía con muy buen ánimo».

—Llegó a su oficina a las ocho y cinco, dejó sus cosas, bajó al piso 44, donde se ubicaba la cafetería —siguió narrando la ponente—, ella misma narra: «Cogí mi chocolate caliente y mi bagel, regresé a la oficina, entonces se produjo el terrible movimiento del rascacielos, el susto. Nadie parecía herido, la gente no había perdido la calma, pero por las ventanas vi que empezaban a caer papeles y otros materiales», algo que la impresionó fue ver ejecutivos agarrados por fuera de los marcos de las ventanas tambaleándose indefensos, eso «Me heló la sangre», relató en su recreación de aquella jornada, «pero el recuerdo más imborrable y desgarrador son los cuerpos de hombres con corbata y alguna mujer con traje sastre que caían al vacio dando tumbos como muñecos de trapo, algunos envueltos en llamas»…

—Genelle asegura que 30 pisos más abajo del punto de colisión no sabían a qué se debía lo que estaba sucediendo —prosiguió la conferencista—, en una entrevista dijo «No teníamos ni idea. Al cabo de unos diez minutos mi compañera Rosa me comentó que había escuchado a unos que hablaban del impacto de un avión, pensé que sería una avioneta». Algunos recomendaban permanecer en su lugar pues en realidad no había humo, las sirenas no sonaron. El tiempo transcurría y la situación empeoraba, empezó a verse y a sentirse el humo, sin embargo recibieron instrucciones de permanecer en su sitio, por las posibles dificultades en el descenso, les indicaron que la policía les rescataría, la propia Genelle narra «Empezamos a tener consciencia de la realidad por las llamadas que hacíamos a familiares y amigos. Supimos que era un atentado terrorista, que un segundo avión había impactado en la otra torre. Toda mi vida pasó por mi cabeza, me preguntaba si vería de nuevo a Kimberly».

En una de las salas de reunión lograron encender un televisor —comentó la ponente—, pánico total, Giselle narra «No podía creer lo que veía, comprendí que había gente muerta en los pisos superiores y que otros estaban atrapados. De repente, tuve la necesidad de escapar».

Sintieron cómo el edificio se balanceaba ante el derrumbe de la torre, un par de minutos después 16 empleados de la Autoridad Portuaria que continuaban en la planta 64 iniciaron el descenso a pie, tomados de la mano, en fila. Genelle se apoyaba en sus amigas Rosa y Susan, explica que descontaba pisos y se fijó en diversos señalamientos para darse ánimos, por ejemplo «Ya hemos superado el 50, el 30», ella misma dice

«Nos cruzamos con tres bomberos que subían, nos remarcaron que debíamos tener cuidado, al verles pensé que la situación afuera tal vez no era tan grave, porque, en caso contrario, no estarían subiendo».

Había una cosa que añadía dificultad al descenso, sus zapatos de tacón, sus amigas le insistían en que se los quitara pero ella se resistía «¿Cómo caminaré luego en la calle?», se preguntaba, pero en la planta trece no pudo más, se soltó de las manos, se agachó y entonces se produjo el gran cataclismo, ella describe «El ruido fue increíble, Rosa, mi amiga, intentó cogerme de la mano, no pudo, empecé a caer en medio de objetos, el colapso se prolongó unos segundos aunque me pareció una eternidad». Genelle se dio cuenta que había quedado sepultada entre placas de cemento, amasijos de metal y trozos de mobiliario a oscuras, en pleno día y describe «Cualquier movimiento me resultaba imposible, mi cuerpo estaba totalmente dominado por el dolor, cerré los ojos, pensaba que estaba soñando. Me decía Ok, cerraba los ojos, los abría e intentaba levantarme, pero no pasaba nada. ¡Esto no está sucediendo, el edificio no se ha caído!

Cerraba los ojos, los abría, y todo seguía igual. Comprendí que era real, que las 110 plantas se habían derrumbado y yo ahí, nadie vendría a buscarme, no volvería a ver a mi familia ni a Kimberly». Asegura que no perdió la conciencia —describió la conferencista—, pese a que en ocasiones se durmió dice «Al principio escuché varias voces de personas que gritaban y se lamentaban socorro, socorro, socorro. Luego sólo había silencio, un gran silencio».

Ante su situación, en Genelle se anidó la idea de que iba a morir —dijo en tono muy serio la ponente—, pero pasaron las horas y ella misma narra «Empecé a pensar en vivir, en salir de allí. Supe que quería volver a ver a mi hija, me imaginé que sería muy bonito hacer de madre, tener una familia. Supliqué a Dios que me diera una segunda oportunidad para completar lo que debía hacer. Creo que sobre todo fue mi hija la que me dio la energía».

Entonces orar ocupó la mayor parte de su tiempo, primero tuvo frío, luego calor, el silencio dio paso a los sonidos de las sirenas, al sonido agudo de la maquinaria, al susurro de los radios y apareció Paul, un misterioso ángel, que le dio la mano pese a que ella estaba sepultada. «¿Cómo pudo dar conmigo?», aún se pregunta, «Ellos están aquí» —dijo—. Un perro de rescate ya había dado la señal de que debajo de los escombros había alguien con vida. Rick Cushman y Brian Buchanan eran dos integrantes de la Guardia Nacional que, en cuanto vieron por la televisión lo que había sucedido en Nueva York, salieron de sus casas para incorporarse al cuerpo de rescatistas; ellos y un bombero formaban el equipo que descubrió a Genelle, el cadáver de un bombero había amortiguado el golpe del aterrizaje de sus piernas, quien dice «Me preguntaron si podía ver la luz, yo no la veía». Cuatro horas después la sacaron entre aclamaciones de la gente que estaba afuera, la trasladaron al hospital Bellevue, del que salió siete semanas después; empezó un largo proceso de recuperación.

Se casó con Roger Hernández, se mudaron a Long Island, arregló su situación migratoria, viven con ellos su hija Kimberly y Kadeem (hijo de un matrimonio anterior de Roger), y tienen dos hijas Kathy y Kelly. Ella dice «No soy la única que ha sobrevivido a un accidente horrible, a una gran tragedia, pero la mía ocurrió en las Torres Gemelas, que era un ícono de Estados Unidos, y esto le da un aire diferente, la gente se queda muy sorprendida cuando sabe lo que me sucedió, se pregunta cómo pude sobrevivir». Una de las preguntas que más le han planteado estos años es si ha perdonado a los terroristas, a lo que ella responde «Posiblemente sí, porque nunca he permitido que ellos controlaran mi existencia después del 11 de septiembre. Me causaron mucho daño, pero ese tiempo enterrada en vida me permitió encontrar un lugar de paz sin odio hacia nadie», incluso le han preguntado qué sintió con la muerte de Bin Laden, ella respondió «Sentí alivio, hizo algo terrible. Alivio por las familias de los que murieron, porque ese hombre ideó esta tragedia. Mucha gente celebró la desaparición de Bin Laden. Yo no voy a celebrar la muerte de nadie. Yo celebro la vida».

El público estaba en silencio, había algunos que tenían lágrimas en los ojos, la narración era la viva imagen de los acontecimientos de ese día que marcó la historia de la humanidad. No fue un momento sencillo, la expositora tomó su tiempo, su mirada recorría los ojos de los participantes, el día había sido mágico, con esta historia todos se conectaron con Genelle y su vivencia. Después de unos minutos de pausa, la conferencista retomó el final de la historia «Parecería increíble que después de estar tan cerca de la muerte y de vivir la más terrible tragedia vivió el más bello momento de su vida con su rescate, todo ello en menos de 24 horas, casos así hacen que sintamos que la humanidad recobra su entereza, dejando atrás todo para levantarse a vivir su propia vida», concluyó la expositora.

—Giselle dice que una de las preguntas más recurrentes que le hacen es qué sintió con la muerte de Bin Laden —prosiguió la conferencista—, la respuesta es más clara cuando vemos atrás de cada historia y descubrimos que hay muchas historias más, piensen tan sólo en el día después de los ataques cómo estaría viviendo su día Bin Laden, ¿cómo se sentiría? Piensen en las familias de los pilotos suicidas ¿qué estarían viviendo el 12 de septiembre?, quizá sus hijos pequeños tendrían que ir a la escuela sin saber a ciencia cierta el daño que sus padres había causado al mundo; ese día hubo héroes que perdieron la vida, hubo otros que salieron de los escombros, hubo afectados psicológicamente quienes al día siguiente tuvieron que volver a sus trabajos como si nada hubiera pasado.

Hubo caos en Nueva York, en todo el territorio de Estados Unidos, en lugares tan lejanos como Australia o Alemania, en Argentina, en Brasil, obviamente aquí en México suponíamos que lo que había sucedido nos haría despertar al día siguiente con nuevas reglas, nuevas formas de ver la vida, unos agradeciendo y otros, tristemente, llorando por el destrozo que se hizo a la humanidad.

Entonces la respuesta que le hacen a Genelle sobre la muerte de Bin Laden se responde con la pregunta ¿Qué sintió su familia? esa es la verdadera reflexión. ¡Todo cambió en 24 horas! Podría decirles que fue en minutos (o quizá horas) pero existe un efecto «ola» que se va desplazando como una onda cuando se arroja una piedra en un estanque quieto, las ondas se van alejando del centro donde cayó la piedra y, dependiendo de la distancia, alcanzan a mover todo por más alejado que estés.

Es una especie de efecto mariposa, cuando aletea una en algún lugar del mundo, el efecto provocado por ese aleteo repercute tarde o temprano en otro lugar del mundo. Si esto es cierto, como lo ocurrido ese día, el amanecer en todo el mundo estaba manchado de la historia y sus repercusiones.

Las noticias malas se expanden, pero también las buenas, quizá no todas se mueven con tanta intensidad y velocidad pero tarde o temprano llegan a todos los rincones del planeta. Como afrontemos la vida será como la vivamos.

Lo que para unos es bueno para otros es malo, es más, algo más preciso sería decir que lo que para unos es bueno, quizá en otros momentos será malo y tal vez en otro segundo más adelante será bueno de nuevo.

Entonces la reflexión filosófica que deberíamos hacernos es ¿cómo saber si es que existen en realidad las decisiones buenas y malas?, o ¿qué debo hacer ante una decisión que hoy es tomada como buena si el día de mañana se convierte en mala? La respuesta a cada una de las preguntas está incluida en el factor Propósito y Significado, que les mencionaron anteriormente, con el ejemplo del náufrago. Es importante saber por qué haces lo que haces y para qué lo haces.

—Tengo un ejemplo muy simple para compartirles que ayudará más a reforzar lo importante de estas dos palabras —continuó con su discurso— todos hemos intentado dejar de comer un pedazo de pastel en alguna fiesta pensando lo benéfico que sería para nuestro régimen alimenticio, sin embargo, piensen en el mismo tamaño y tipo de pastel en un día que estuvieran compartiendo la mesa con su madre (o un ser muy querido) en alguna cafetería ella la que hubieran ido para platicar acerca de una decisión que acaban de tomar (emprender camino y buscar su independencia, o anunciar que se casarán, etc.), ese mismo pastel que en otra ocasión sería dañino para la salud, en esta ocasión sería la excusa perfecta para compartir una buena noticia con uno de sus seres más queridos, ese pastel sería entonces lo menos dañino.

Por ello nunca será malo dejar de comer o, por el contrario, decidir comer un pedazo de pastel, siempre y cuando el propósito sea claro y nos provea felicidad o bien-estar.

Genelle sobrevivió de manera inconsciente, quizá o no, lo hizo porque simplemente tenía ganas de vivir —la conferencista estaba en el centro del escenario, seguía hablando—. Nunca (y podría apostarlo) se mantuvo viva y con esperanzas de ser rescatada debajo de los escombros con el fin de vengarse de quien hubiera hecho ese daño a su vida.

Quería vivir y fue lo que hizo. Dense cuenta, desde el hecho simple de comer o no un pastel hasta el hecho de elegir sobrevivir a un terrible ataque terrorista, tenemos en nuestras manos la decisión de cómo hacerlo y en la vida se puede todo, hasta se puede elegir vivirla o no.

—Perdón —dijo la expositora bajando la voz— olvidé presentarme al inicio, me llamo Genelle Guzmán y soy la superviviente del 11 de septiembre del 2001.

Más de la mitad de los asistentes aplaudían de pie, realmente Genelle había llevado su pasión y compartido uno de sus momentos de vida más importantes, estaba ahí en carne y hueso, era una mujer de gran personalidad, Raúl estaba impresionado, pues pensó cómo se habría visto el día que la sacaron casi muerta de entre los escombros y pudo hacer una comparación con la imagen que veía ahora.

De la mesa que estaba en el escenario se levantó el otro expositor que había permanecido sentado, se acercó a ella, la tomó tiernamente de la cintura, la besó y la miró amorosamente. Ella volteó hacia el público y con una sonrisa deslumbrante, después de agradecer los aplausos que aún llovían por la sala presentó quien la había besado:

—En la vida hay personas que te marcan y Roy, mi esposo, a quien conocí, en mi rescate, les quiere compartir una herramienta sensacional que a mí me ayudó a alcanzar la superación y a darme cuenta debo vivir día a día. Roy, gracias por todo ¡disfruta el momento! —dijo Genelle y salió del escenario dejando a todos con una sonrisa llena de vida.

Esta vez Raúl no pensó en Linda, pensó en Lucía...

capítulo 10
Pentagrama

«Siempre estoy quejándome de lo difícil que es componer o de lo que sufro cuando lo estoy haciendo, que cada canción que he escrito ha sido casi una auténtica tortura.»
John Lennon

Roy hablaba español muy bien, aunque sus abuelos maternos eran mexicanos, el inglés fue su lengua nativa, sin embargo, desde que conoció a Genelle y se enamoró de ella decidió aprenderlo y hacerlo parte de él, no podía fallarle a Kimberly cuando se la llevaron vivir con ellos a Nueva York.

Para iniciar su conferencia pidió al público que tomara la cajita que habían puesto en cada lugar, misma que los asistentes ya habían olvidado ante la conmovedora historia de Genelle, la abrieron y vieron un objeto de madera natural finamente barnizada con un muchos agujeros en uno de sus lados, medía aproximadamente 24 cm de largo por 8 o 9 cm de ancho y tenía unos 2 cm de grosor, en el lado donde estaban los agujeros estaban pintadas unas líneas que en algunos casos los atravesaban y otras pasaban arriba de ellos, todas ellas paralelas.

Acompañaban a la tabla unas pequeñas piezas de plástico que embonaban en los agujeros, además de una pequeña cuerda. Tenía del lado derecho una escala del -4 al +4 y la linea central donde estaba el cero que coincidía con el centro del rectángulo, ahí estaba escrito «Propósito y Significado», en la parte posterior estaba escrito, con letras rojas, el nombre del objeto: «Pentagrama de la Felicidad».

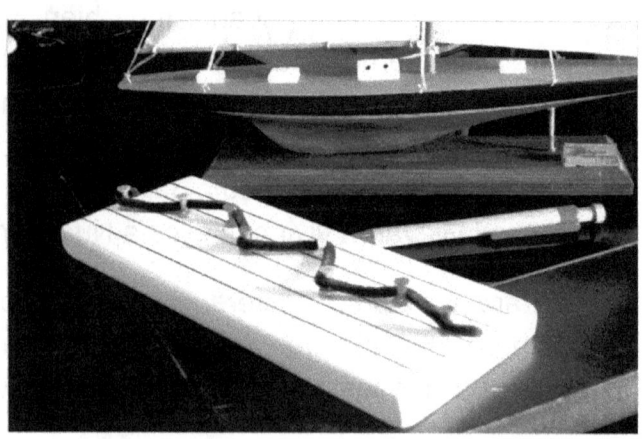

Roy inició su conferencia:

—Un pentagrama según el Diccionario de la Real Academia Española define como «El lugar en donde ese escriben los signos musicales. Es una pauta que consta de cinco líneas paralelas y equidistantes entre sí y cuatro espacios. Viene del griego Penta, que quiere decir cinco y Gramma, línea», es una de las formas universales de escribir música.

Están ustedes viendo por primera vez un instrumento que mide de manera absolutamente fidedigna el grado de felicidad que hay en sus vidas, les garantizo que no encontrarán un instrumento más acertado para medirla, por lo tanto, no pretendemos que se escriba música, aunque a muchos cuando lo utilizan van «escribiendo» su felicidad y les parece que están escuchando la más hermosa melodía —sonrió con los asistentes—.

Como les decía, es el instrumento más preciso y quizá el único que se conoce para medir la felicidad, son tres grandes factores secretos los que hacen que este sencillo instrumento funcione.

El primero implica que debe existir un claro propósito y significado, que es lo que se utiliza como parámetro de medición, el segundo (y que de ello depende que sea infalible) es la honestidad, así que no hay forma de hacer trampa, y el tercer factor que determina la efectividad de esta tabla es que se trabaja de manera individual y en tiempo presente, si hiciéramos una fórmula quedaría así:

$$F = \frac{PS+H}{I\,tp}$$

Donde:

F = FELICIDAD

PS = PROPÓSITO Y SIGNIFICADO

H = HONESTIDAD

Itp=INDIVIDUALIZADO EN TIEMPO PRESENTE

—Si consideramos que el propósito y significado —continuó el conferencista— sumado a la honestidad de la persona es dividido entre el tiempo presente individual, invariablemente hará de este instrumento el instrumento perfecto para obtener el nivel de felicidad. Pero ojo, esto va mas allá, este instrumento indica claramente qué debo hacer para no «perder la brújula» y seguir en el camino correcto a la felicidad. Veamos cómo funciona, la escala del -4 al +4 es relativa y no tiene connotación de malo o bueno, simplemente es una manera de poner un punto en el espacio, a los conceptos desde ahora los llamaremos dimensiones, son los que mediremos y que irán de acuerdo a su propósito y significado, en la honestidad y su uso es en tiempo presente pero infinito, es decir, no caduca y aunque es recomendable medirlo día a día no pasa absolutamente nada si un día no se detienen a medir su felicidad.

Regularmente la felicidad se siente y sólo hay que hacer pequeños ajustes en ella para ser, ahora sí, ¡completamente feliz! siempre considerando el presente como dicha escala. Mañana no podría ser completamente feliz, o quizá sí, el reto comienza de nuevo y eso hace que extraigamos el mejor jugo a nuestra vida.

Raúl entendió perfectamente a qué se refería con estos términos, pues Linda había sido muy clara, sin embargo, en su mente Linda fue sólo un referente, esa tarde la idea de aprender a usarlo fue la que cautivó su mente y tenía el 100 % de sus sentidos puestos en la explicación del ponente.

La clave —continuó la conferencia— es detectar, de acuerdo a nuestro propósito y significado, las dimensiones que vamos a transformar día a día.

No vamos a detallar aquí la forma de usarlo, pues en la caja encontrarán un instructivo, y lo trabajarán a detalle en la sesión de coaching con su «Transformador», lo más importante es que aprendan a detectar qué es lo que buscan con esta herramienta, insisto, esta herramienta es tan exacta y segura que mientras más la usemos, más aprenderemos a «leer» nuestro camino.

No hay puntos buenos o malos, además es una herramienta viva, lo que quiere decir que está en constante movimiento y si un día dejara de moverse es cuando debemos preocuparnos. Por ello úsenla, sean honestos y midan con el deseo de mejorar lo que hoy no está bien, pero no lancen las campanas al vuelo cuando algún día logren sentirse al 100, es momento de volver a plantearse un propósito más alto o un significado más intenso, o ambos incluso.

La vida es vivir y sólo así lo lograrán. Nunca hay un final, el final se llama muerte y aún estaría en duda, pongamos atención en disfrutar el camino y si el sendero tiene alguna «Y» habrá que tomar la mejor decisión y no voltear atrás, pues estoy seguro que si el camino no era el indicado, la vida misma se encargará de volver a ponerles nuevamente en la ruta deseada, aún de manera inconsciente.

Raúl vibraba emocionado, durante su vida había siempre trazado una meta y había luchado por ella, ahora se daba cuenta que estaba equivocado en gran parte, pues por buscar la meta perdía de vista el camino (que es donde suceden las grandes cosas), por ejemplo, se había propuesto como meta formar a sus hijos para que fueran personas de bien, si esperaba a que eso sucediera seguramente cuando Juan Manuel y Sabrina tuvieran edad para ser considerados como exitosos él andaría rondando los 60 o 70 años, se habría perdido de disfrutar la estrellita en la frente que les pusieron en el Jardín de Niños, el gol de cabeza que anotaría su hijo en segundo de primaria, el rico pastel sorpresa quemado que Sabrina hizo para el día del padre hace siete años, no habría disfrutado del abrazo, del beso, de enseñarlos a andar en bicicleta.

Seguramente, si sólo fijara su mirada en el final, lo más seguro es que nunca hubiera llegado, recordando lo que hace un rato había mencionado el conferencista en su plática «Nunca hay un final».

Mientras tanto, el expositor había comenzado a trabajar junto a los asistentes en la elaboración de una lista a la llamó «La lista del camino» —consistía en encontrar pequeños deleites que nos generan una sonrisa cada día, que nos hacían sentir vivos— la lista crecía y crecía en la pantalla, el ponente escribía frases, palabras y hechos que aportaba el público:

—¡Un buen baño! —gritó una señorita en la parte posterior del salón.

—¡El trabajo! —dijo el señor que estaba sentado tres lugares a la izquierda de Raúl.

—¡Un libro! —mencionó otro asistente.

—¡Dormir! —propuso un joven y varios aplaudieron.

En la pantalla se podía leer: una novela, una película, la familia, reír, comer, sonreír, etc., la lista se hizo extensa, entonces el conferencista dijo:

—Vaya, vaya, veo que esa fue una tarea muy sencilla y me da gusto pues hay veces que «La lista del camino» es tan pobre que hay que empujarlos, pero ustedes están listos para hacer algo más complicado. Vamos a subir un tono más arriba y «La lista del camino» la vamos a convertir en «Los sucesos del camino», aquí enlistaremos sólo acciones que deberíamos realizar para disfrutar la lista anterior, ¿me explico?, por ejemplo, ustedes mencionaron un libro —lo señaló en la pantalla— ¡claro! es un pequeño deleite, pero podría no serlo ¡a menos que lo leamos!, pues si el libro no es leído poco podrá hacer para que disfrutemos el camino si sólo lo tenemos en la repisa del librero, para ello es necesaria la simple y llana acción de leerlo, además de saber para qué lo leemos. Así como este ejemplo, ¿qué otros encuentran como «Los sucesos del camino»? los escucho —dijo poniendo su mano en la oreja, a modo de gesto de escuha.

—¡Divertirse! —se escuchó en el público.

—¡Excelente! —dijo el experto— ¿Qué más?

—¡Pintar un cuadro! —gritó una joven.

—¡Viajar! —mencionó un señor.

—¡Meditar! —contestó la anciana que al inicio había abrazado Raúl.

—¡Soñar! —dijo Raúl, levantando la mano.

El conferencista hizo una señal con sus brazos para que se detuviera la lluvia de sucesos, y dijo:

—A ver, a ver, tengo una duda y en equipo vamos a resolverla, soñar es una acción, ¿están de acuerdo? Mi duda es si la deberíamos incluir en nuestra lista de sucesos, porque no sé si este verbo es una acción voluntaria o involuntaria. Y si hablamos de elección, no estoy muy seguro que podamos elegir o no soñar.

Al momento de escucharlo, muchos de los participantes borraron este verbo de su lista, entonces el conferencista dijo:

—Ese verbo, en especial, lo borraría de este lugar de la lista — lo borró de la pantalla— peeeeeero lo pondría en primer lugar — lo escribió al inicio de la lista que exhibía la pantalla—, porque soñar no es involuntario, soñar es el comienzo de todo gran suceso. ¡No temas soñar!

Los sueños, además de motivarnos a lograr nuestros objetivos, son estimulantes, nos permiten ver la vida de otra manera, de creer en algo, de luchar por superarnos, nos llenan de alegría, nos dan fuerza y poder. Soñar es el arranque para determinar el propósito y significado, recuerden que la felicidad utiliza estos elementos para determinarse a sí misma. Soñar es una de las pocas cosas por las cuales no debemos pagar nada, soñar es totalmente gratis.

Una persona soñadora, es una persona interesante, atractiva, con potencial, con mucho para dar a los demás. En cambio, una persona sin sueños resulta vacía, frágil, sin ganas de superarse, de combatir desafíos. Los principales enemigos de los sueños son los miedos, ellos son lo único que nos impide, que nos frena para ser libres e ir en busca de lo que deseamos. Los miedos nos hacen débiles ante la incertidumbre, nos impiden crecer, nos desmotivan y atacan. ¡Debemos librarnos de estas ataduras que no nos favorecen y animarnos! Debemos saber que se puede, debemos creer que se va a poder y debemos arriesgarnos, porque como bien dice el refrán «El que no arriesga...

—¡No ganaaaaa! —contestó al unísono el público.

—No podemos quedarnos sentados viendo cómo la vida nos pasa por delante sin tratar de vivirla como la soñamos —continuó el experto—No lo olviden. Y yo también incluiría en «Los sucesos del camino» acciones disruptivas, como un artista que irrumpe en ese ámbito de la creatividad, rompe algo, hay ocasiones en las que no podemos seguir haciendo las cosas de la misma manera, si alguna vez tienes la oportunidad de romper algo como una vieja costumbre, algún paradigma, una actitud negativa, ¡hazlo!, verás lo bien que se siente.

Descubre o inventa algo, viaja cuando puedas hacerlo, pero cuando no, viaja con tu mente, la imaginación es muy parecida a los sueños. Descansa, haz pausas, ríe, llora, apasiónate por algo y despréndete de algo, hazle una llamada a ese amigo del que hace tiempo no sabes cómo va su vida, disfruta un helado, dale un abrazo a tus hijos o a un niño, quédate una hora más en cama, aliméntate sanamente, también prueba la comida chatarra, corre o camina al aire libre, podría pasar el fin de semana entero escribiendo acciones o sucesos para disfrutar más el camino —hizo una pausa y exclamó—

Antes de irme les voy a dar un truco muy sencillo para aprender a distinguir todo lo que los llevará a disfrutar el camino «La verdadera felicidad está dentro de nosotros y normalmente aparece en las cosas sencillas», si pudiera resumir la felicidad, «La lista del camino» y «Los sucesos del camino» les diría que cuando hagan algo busquen que sea de manera simple, graben estas dos palabras para su vida ¡Hazlo simple!

El conferencista caminó hacia la mesa donde su esposa aplaudía emocionada, se levantó y ahora fue ella quien lo besó y dijo a la audiencia «Algo simple y fabuloso es besar, así que háganlo en cuanto tengan cerca a su pareja, verán como disfrutan más el camino de ese modo».

Los dos agradecieron los aplausos del público y se escuchó una melodía que indicaba que la jornada había terminado, las luces se apagaron y del fondo del salón salió un solitario bailarín con un llamativo traje fluorescente, recorrió todo el salón al ritmo de la música, tocaba con su mano la cabeza de los asistentes y lanzaba un fino polvo brillante, el mensaje era claro: la magia de la transformación estaba ocurriendo.

Apareció la bella señora que había iniciado la primera sesión y en la pantalla apareció un gran letrero:

Algo pasaba en la cabeza de Raúl que permanecía aplaudiendo como encantado, sin moverse, no quería que acabase ese gran día. El aprendizaje había sido total, pensaba en su vida, pensaba en su familia, en sus errores, más en sus aciertos, estaba seguro que algo se había movido dentro de él, algo que haría del día de mañana —y de cada día— un día distinto.

capítulo 11

locura

*«Cuando un loco parece completamente sensato,
es ya el momento de ponerle la camisa de fuerza.»*
Edgar Allan Poe

—Señores pasajeros, siguiendo las normas internacionales de seguridad vamos a efectuar una demostración de los sistemas de emergencia de que dispone este avión. Les rogamos máxima atención. Este avión está provisto de cuatro salidas de emergencia, las cuales se encuentran ubicadas de la siguiente manera, dos puertas en la parte delantera de la cabina —señaló la azafata con sus brazos extendidos—, dos más situadas sobre las alas, —lo dijo abriendo los brazos, uno a cada lado para señalarlas—, todas estas salidas son fácilmente localizables por el letrero de «Salida». Les solicitamos ubiquen la salida de emergencia más cercana a su asiento. Las mascarillas de oxígeno se encuentran sobre su asiento y caerán en caso de descompresión en la cabina. Colóquela en su cara, ajústela a su nariz y boca, respire normalmente.

—Para su información —continuó hablando la sobrecargo— estamos a bordo de un avión modelo Embraer ERJ 145 con destino a la ciudad de Monterrey, volaremos a una altitud máxima de 24 000 pies, con una velocidad de 650 km/h y la duración aproximada será de 50 minutos tiempo a partir del momento del despegue. Delante de su asiento encontrarán un tarjetón con las instrucciones de seguridad que les acabamos de mostrar, les recomendamos leerlo. Por favor, ajusten su cinturón de seguridad, pongan el respaldo de su asiento en posición vertical y aseguren sus mesitas.

Les recordamos que está prohibido fumar en todos los vuelos de esta aerolínea. Igualmente les informamos que deben apagar sus teléfonos celulares y dispositivos electrónicos durante el despegue y aterrizaje de la nave.

En ese momento el avión se ponía en

marcha enfilando hacia la pista de despegue y en el asiento 5A viajaba Raúl, eran las diez de la noche y apenas hacía escasas dos horas había salido de la primera jornada del Congreso, él mismo estaba extrañado de romper sus propias estructuras, sin pensarlo dos veces tomó un avión a Monterrey.

La frase de cierre del último conferencista había dado en el blanco, quizá no fueron sólo las palabras, la simple imagen de verlos besarse y cómo mantenían una expresión de plenitud y felicidad hizo que Raúl tratara de recordar cuál había sido el último momento que Lucía y él habían experimentado algo similar, ¡no lo recordaba! no podía visualizar siquiera el último beso que no fuera «fraternal», su relación se ha vuelto tan complicada que cada vez que se acercaba a ella temía que fuera a reclamarle algo —y seguramente a ella le pasaba igual—, por su mente empezaron a detonarse varias preguntas «¿Cuándo fue la última vez que reímos a carcajadas? ¿Cómo se siente ella cuando me voy lejos? ¿Acaso sabrá cómo me siento? Además de nuestros hijos, ¿qué otro tema tenemos en común?» había detalles tan simples que no recordaba, como la talla de zapatos de Lucía, mientras que cuando eran novios sabía exactamente hasta cuánto medía su dedo anular —información básica para regalarle un anillo—.

Las cosas habían cambiado mucho en su

matrimonio, sus gustos ya no eran los mismos, ya no cedían su comodidad para hacer frente a nuevos retos juntos. Cuando hacían el amor era siempre en la cama, con la luz apagada y la puerta cerrada con llave, no habían regresado a un motel desde que eran novios, la rutina al desvestirse se había vuelto aliada de la frialdad en su matrimonio.

Si se hablaba de sexo en esa casa era exclusivamente para decirle a su hijo mayor que se «cuidara». Las sexy pijamas de Lucía habían sido sustituidas por una laaaaargas de franela, por lo que Raúl no dejaba sus cómodos bóxer. Quiso encontrar sus palabras de despedida antes de este viaje y no distinguió un asomo de promesa de que se extrañarían. ¿Qué pasó entonces?

Todo inició cuando, en el hotel, ante el salón casi vacío y el personal de mantenimiento recogiendo las sillas Raúl se vio a sí mismo de pie, se estaba dando cuenta que se había alejado de su esposa, de su familia, que estaba perdido buscando la felicidad sin un propósito ni significado... Pero ese descubrimiento reveló su significado en ese momento, se dio cuenta de la importancia de Lucía en su vida, lo mucho que necesitaba decírselo y no tardó en fijarse un propósito: reconquistaría a Lucía. Inmediatamente subió a su habitación e ingresó al sitio www.expedia.com y vio las opciones de vuelos a Monterrey, como una especie de complicidad, el navegador le indicó que el próximo vuelo era ese mismo día a las 22:00 h, faltaban dos horas y el aeropuerto estaba a media hora de distancia, además había un vuelo de regreso disponible a las 06:30 h, con un poco de suerte estaría regresando la mañana siguiente al congreso, sólo perdería media hora de la conferencia que iniciaría a las 08:00 h.

Decidió no avisarle a Lucía, el factor sorpresa sería parte de su reconquista. De inmediato llenó el formulario, el sitio aceptó su reservación, recibió su boleto electrónico y pidió a la recepción un taxi con destino al aeropuerto. Alcanzó a lavarse la cara, se perfumó, tomó su chamarra, salió del cuarto y tomó el ascensor hacia el lobby.

Del piso 5 al lobby el ascensor no se detuvo ni una vez, abrió sus puertas y corrió, apenas tuvo tiempo de darle las gracias al bell boy, a quien extendió un billete en agradecimiento.

El taxista era un joven de aproximadamente 25 años, muy atento sonrió y le preguntó:

—¿A dónde lo llevo señor?

—Llévame por favor al aeropuerto, por donde haya menos tráfico, pues tengo que tomar el avión y necesito llegar antes de las 21:30 h. —

contestó Raúl apresurado.

El taxista vio su reloj, puso de inmediato el auto en marcha y con una sonrisa le dijo:

—No se preocupe, llegará a tiempo, está en las manos del sucesor del Checo Pérez

Esto no pareció agradarle mucho a Raúl, porque tampoco quería arriesgarse a un accidente, aunque sin ganas de poner más nervioso al taxista sólo sonrió y dijo:

—Adelante, vamos volando.

El trayecto parecía sincronizado para Raúl, los pocos semáforos que había en el camino al aeropuerto estaban en verde, en menos de 10 minutos ya estaban enfilados en la autopista a la Ciudad de México, que era el camino más corto hacia el aeropuerto de Querétaro.

El trayecto duró exactamente 30 minutos, lo que hacía que el reloj de Raúl marcara las 21:20 h, diez minutos antes de lo estimado. No conocía bien el aeropuerto, bajó rápidamente, pagó el taxi, le agradeció al joven taxista:

—Excelente trabajo, muchas gracias ¡regresa con cuidado Checo!

Pasó rápido el control de seguridad del

aeropuerto, llegó a la sala donde esperaban aproximadamente 40 pasajeros, suspiró, se sentó a esperar. La primera parte del plan estaba hecha.

Después de que la sobrecargo dio las indicaciones, mientras el avión se movía a la pista de despegue, la azafata pasó a supervisar, le tocó el hombro y le pidió que abrochara su cinturón, y es que en realidad Raúl no había prestado atención al protocolo de seguridad, su mente estaba en la siguiente etapa del plan. Lo abrochó y ajustó, apagó su celular y se preparó para el despegue.

El vuelo fue perfecto, casi sin turbulencias, el aterrizaje sin complicaciones, tan perfecto que al aterrizar unos cuantos pasajeros se animaron a aplaudir, entre ellos Raúl, haciendo que el comandante Rivas —piloto de la aeronave— tomara el micrófono para agradecer a los entusiasmados pasajeros su atención.

Ya en su territorio, en Monterrey, tomó un taxi y pensaba cómo lo recibiría Lucía, aunque había decidido no llamarle, fueron más de cuatro las veces que tomó su celular y buscó el número de su casa, pero venció la tentación, la sorpresa estaba cerca. Pidió al taxista que pasara a un puesto de flores que él sabía estaba abierto 24 horas, el florista estaba terminando de arreglar un hermoso ramo para exhibirlo cuando Raúl llegó, lo compró y regresó al taxi.

El taxista lo dejó en la puerta de su casa, Raúl bajó y vio que la luz de su habitación estaba encendida, la de los niños (así se refería siempre a ellos) estaba apagada, supuso que ya dormían. No traía llaves, pues estaban en el llavero del auto, así que se acercó a la puerta, era tal su nerviosismo que sentía mariposas en el estómago, como cuando era novio de Lucía y tocaba a la puerta esperando que no fuera su futura suegra quien le abriera sino su amada.

Antes de timbrar se lo ocurrió la loca idea de cantar, a modo serenata, sin mariachi, sin trío, sin guitarra, bueno, ni siquiera en el teléfono traía música romántica que le acompañara, así que decidió cantar a cappella la canción de José Alfredo Jiménez, «Paloma querida», misma que le cantó en la serenata que le ofreció el día que le dio el anillo de compromiso.

No era necesario ser buen cantante para entonarse, sólo que esta vez no llevaba ni un tequila encima, sin embargo, llevaba algo más grande: un propósito bien definido y eso bastaba.

Con fuerte voz y bastante bien entonado arrancó la canción:

«Por el día que llegaste a mi vida
Paloma querida me puse a brindar
y al sentirme un poquito tomado
pensando en tus labios
me dio por cantar

Me sentí superior a cualquiera
y un puño de estrellas te quise bajar
y al mirar que ninguna alcanzaba
me dio tanta rabia que quise llorar

Yo no sé lo que valga mi vida
pero yo te la vengo a entregar
yo no sé si tu amor la reciba
pero yo te la vengo a dejar»

La luz del cuarto se apagó y alcanzó a ver la silueta de Lucía asomarse por la ventana, quien seguramente la apagó para ver si algún borracho había decidido llevarle serenata a su vecina. Para su sorpresa encontró a Raúl afuera de su ventana con un hermoso ramos de flores y seguía cantando:

«Me encontraste en un negro camino
como un peregrino sin rumbo ni fe
y la luz de tus ojos divinos
cambiaron mi suerte por dicha y placer

Desde entonces yo siento quererte
con todas las fuerzas que el alma me da
desde entonces Paloma querida
mi pecho he cambiado por un palomar»

Sus hijos encendieron la luz y asomaron sus cabezas por la ventana. Sabía que ella estaba asombrada, sin prender la luz abrió la ventana y se asomó por ella, aunque Raúl no lo alcanzó a ver, los ojos de Lucía se llenaron de lágrimas, en ese momento se sintió la mujer más deseada, envidiada, hermosa y amada de todo el planeta.

Raúl terminó la última estrofa de la canción:

«Yo no sé lo que valga mi vida
pero yo te la vengo a entregar
yo no sé si tu amor la reciba
pero yo te la vengo a dejaaaaaaarrrrrr»

Corriendo cual adolescente enamorada, Lucía bajó las escaleras, abrió la puerta y lo recibió con un abrazo y un beso profundo, enamorado, mucho más pasional que el de los conferencistas, mucho más emotivo de lo que él jamás imaginó en su largo y apresurado trayecto del hotel en Querétaro a los brazos de su amada y guapísima esposa en Monterrey.

Entro a su casa Raúl abrazado de Lucía y encontró a sus hijos en la escalera, quienes con una sonrisa de oreja a oreja le aplaudieron a su papá, emocionados por ver el verdadero amor que quizá en años no se había manifestado, los cuatro se fundieron en un fuerte abrazo de auténtico amor en medio de la sala.

capítulo 12
Regreso

«El único verdadero viaje de descubrimiento consiste no en buscar nuevos paisajes, sino en mirar con nuevos ojos.»
Marcel Proust

Después de ese gran abrazo, Raúl emocionado había platicado con ellos su repentina y loca aventura de decidir pasar esa noche con ellos, especialmente les hizo saber que el amor a su esposa fue el motivo principal, «La extrañé demasiado», les dijo viéndola fijamente a los ojos, y no podía perder la oportunidad de decírselo en vivo. Les contó cómo la sincronía de la vida —cuando el propósito es claro— hace que las cosas sucedan como deben suceder: boletos disponibles, semáforos en verde, elevadores que no se detienen, carreteras libres, filtros de seguridad sin filas en el aeropuerto, taxistas calibre fórmula uno, pilotos excepcionales y hasta un buen cantante de música ranchera se habían conjugado para que él estuviera ahí.

Sus hijos bostezaban pero no perdían la sonrisa del rostro, subió a acostarlos como lo hacía cuando eran chicos, al arropar a Juan Manuel le encargó mucho cuidara a su madre, pues al otro día saldría muy temprano a tomar el vuelo de regreso, apagó la luz de su habitación y se dirigió al cuarto de Sabrina, quien brincaba como niña de cinco años en la cama, no sabía cómo controlar su propia felicidad, abrazó a su papá fuertemente, le dio un gran beso y le dijo:

—¿Sabes algo? Me gustó ver cómo se miraban mamá y tú cuando llegaste —de inmediato se tiró en la cama para que Raúl la tapara y le diera un gran beso.

—¡Buenas noches mi amor! —contestó Raúl

—¡Buenas noches papá! —murmuró Sabrina.

Bajó las escaleras y en la mesa del

comedor encontró lo que parecía ser un boleto, lo leyó, al parecer Lucía había asistido esa tarde, estaba cortado y no se apreciaba completamente el título, sólo alcanzó a leer Conferencia «Espirales de tra....»

Le llamó mucho la atención que Lucía había asistido a un evento de los que él disfrutaba, ¿sería acaso otra mágica sincronía de su vida que estaba sucediendo?, iba a preguntarle, pero concluyó que era lo de menos, estaban disfrutando el momento y para ellos no había tema más importante esa noche que ellos mismos.

Entró a la cocina, Lucía le preparaba la cena, recordaron cuando eran novios y él la visitaba por la noche en su casa, siempre ella le hacía de cenar en lo que platicaban de todo, de nada y reían; entre los recuerdos surgió aquella vez que les ganó la hormona mientras estaban cenando en casa de los papás de ella, entre besos, caricias y largas miradas acabaron haciendo el amor en el antecomedor, entonces ella estornudó no muy fuerte y se escuchó la voz de su mamá desde su recámara: «¡Salud, hijita!», Raúl se apenó, estaba seguro que su suegra tenía muy buen oído... Entonces rieron, no pararon de reír, rieron tan fuerte que sus risas se convirtieron en una sonora carcajada, Raúl imitaba el estornudo de Linda y las carcajadas salían de sus bocas nuevamente. Lucía temió que sus risas despertaran a sus hijos, así que tapó la boca de Raúl con su boca y se besaron.

Los besos subían de intensidad, se sentían como aquellos dos adolescentes, la ropa cayó en el piso de la cocina, por primera vez desde que llegaron a esa casa, la cocina fue testigo de su amor. Hicieron el amor sin pena, sin apagar la luz, sin el protocolo de los últimos años, dejaron que fueran sus cuerpos y no sus mentes quienes mandaran sobre ellos, fluyeron... Subieron a su habitación y durmieron abrazados.

El despertador sonó tres horas más tarde, eran las 04:30 h, tenía tiempo suficiente bañarse, vestirse y tomar un taxi que lo llevara al aeropuerto para regresar al segundo día del congreso.

Entonces tomó conciencia de que no habían transcurrido 24 horas desde que, en Querétaro, les habían predicho que cambiarían su vida, a esta hora ya habían sucedido verdaderos y profundos cambios en su ser. Respiraba felicidad, se sentía orgulloso por lograr ese primer día de reconquista de Lucía. Llegó al aeropuerto, compró un café en la única y pequeña isla que estaba abierta a esa hora y se dirigió a la sala de espera, cuando abordó vio que le había tocado en la fila de dos asientos se sentó en el 7C junto a la ventanilla, Raúl tenía tanto sueño, la felicidad se mezclaba con el cansancio, abrochó su cinturón y acomodó su cabeza entre el asiento y la ventanilla, de inmediato se quedó dormido, su rostro reflejaba el gran cambio interior que siempre había esperado.

Entre sueños sintió que alguien ocupaba el asiento de al lado, pero no abrió los ojos, estaba muy cansado, no quería dormirse en las conferencias, alcanzó a escuchar las indicaciones de seguridad, se acurrucó y durmió profundamente, sin embargo, el café que había bebido antes del vuelo hizo su trabajo y su vejiga lo despertó, no le gustaba molestar a sus compañeros de asiento, pero era necesario hacerlo, abrió los ojos y vio, sobre la mesita de su compañero un libro con un boleto como separador, era igual al que había visto en el comedor de su casa, este no estaba cortado y pudo leer el título «Espirales de transformación. Conferencia basada en el Modelo de Life Coaching, impartida por Linda Basurto, Transformadora».

La somnolencia dio paso al asombro, volteó a ver a su acompañante, ¡era Linda! quien con su amable sonrisa le dijo:

—Hola Raúl, ¿cómo estás?, no quise despertarte te veías bastante cansado, qué coincidencia encontrarnos aquí, ¿no crees?

Bibliografía

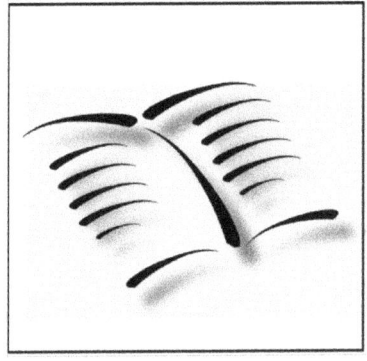

Cabrera, L. (2012). ¿Para qué sirve meditar?. Recuperado el 04 septiembre 2015, de «El mundo». Sitio web: http://www.elmundo.es/elmundo/2012/03/02/espana/1330679766.html

Isaacson, W. (2011). Steve Jobs: La biografía. Madrid: Penguin Random House. Grupo Editorial España.

Peirón, F. (2011). 11-S. La última superviviente. Recuperado el 07 septiembre 2015, de «La vanguardia magazine». Sitio web:.

http://www.lavanguardia.com/magazine/20110902/54209270016/11-s-la-ultima-superviviente.html

www.ingramcontent.com/pod-product-compliance
Lightning Source LLC
Chambersburg PA
CBHW061321040426
42444CB00011B/2718